談

耳《ミミ》切《チリ》坊《ホ》主の呪い

小原 猛

竹書房
怪談
文庫

目次

第一章

ピトゥトゥルマジムン

ユタ、及びその周辺から聞いた話

第二章
耳切坊主の呪い
あるいは現代の神々

第三章
キジムナーはいるのか
あるいはキジムナーの親戚たちについて

第一章

ピトゥトゥルマジムン

ユタ、及びその周辺から聞いた話

沖縄に住んでもう三十年になる。

もともと内地の人間であった私が、この島に定着するまでは紆余曲折《うよきょくせつ》あったのだが、最終的に、私はこの二つの国がフェンスを越えて共存している奇妙なシマの中で暮らしている。

ハブの島、第二次世界大戦の激戦地の島、エイサーの島、基地の島、国境の島、台風の島、サトウキビの島、泡盛の島。そしてもう一つ、忘れてはならないのは、ここは本土と比べるまでもない、異文化の島なのである。

異国の島といってもいい。そこには本土の人々とは違った文化があり、アメリカと軍属の文化がそこかしこに散見され、そしてまた独自の民俗性を持った琉球《りゅうきゅう》文化が今も流れている。

その中には、一種の精神性ともいうべき、祈りと畏怖《いふ》の文化がひっそりと息づいている。

琉球にはとにかく神々が多い。北部などの田舎の集落を歩くと、如実《にょじつ》にそのことがわかるだろう。集落には必ずそこを守る神々を祀《まつ》ったウタキ（御嶽）、もしくは拝所《はいしょ》と呼ばれる祈りの場所がある。そして家々や集落の入口には魔除《まよ》けの獅子《しし》（シーサー）が置かれ、悪いものの進入を頑《かたく》なに拒《こば》んでいる。

さて、その悪いものとは果たして何であろうか。

悪いモノ、それを沖縄の人々は様々な言葉で表現する。

ワルカジ（悪い風）、ヤナカジ（嫌な風）、シタナカジ（汚い風）、どれも風が付いている。ちなみに昔、琉球の国であった屋久島《やくしま》と奄美大島《あまみおおしま》の間にある鹿児島県のトカラ列島では、家の戸板などに隙間があると、そこからマジムンが入ってきて病気になるといわれている。それを好魔風《スキマカゼ》と呼ぶ。もちろんこれはのちのち作られた当て字かもしれないが、魔は風を好むようだ。

またマジムンという呼び方がある。これは本土でいう妖怪変化とも少し違う。幽霊とも違う。幽霊はユーリーと呼ぶ。マジムンは実はそこかしこにいて、我々人間がやってくるのを息を潜めて待ち構えているのである。

それら邪悪なものに対抗するのは、ユタやムヌシリ、三仁相《さんじんそう》などと呼ばれる、いわゆる霊的職能者である。これらの名前を決して名乗らない、そういった力のある人たちも大勢いる。彼らは特別な存在ではなく、必ず集落には何人かいる、いわばごくありふれた存在である。ユタや沖縄の精神世界をまったく信じない人たちであっても、彼らの話は折に触れどこかで聞いたことがあるはずである。

ある日のこと。知り合いのユタさんに食事に呼ばれた。大城《おおしろ》カマさんという七十代の女性である。場所は波上《なみのうえ》にあったサブウェイというサンドイッチレストラン。いろんなお弟子さんとかを集めてユンタク（雑談）しているからきなさい、と言われた。

ユタとは沖縄の霊能力者の総称で、いわゆるシャーマン的な力を持つ人たちである。よく喋《しゃべ》ることから、その語源はユンタク（おしゃべり）という方言であるともいわれている。もちろんその中にはインチキもいるだろうし、本物もいるだろう。

その能力も様々で、死者と話ができる人から、失くし物を探すのが上手な人、過去生を見るのが得意な人、先祖と話ができる人、マジムンを祓《はら》える人、恋愛成就など未来が視える人など、様々である。この大城さんは本人曰く「未来が視《み》える人」という。

実はこの大城さんには、本人曰く「呪い」がかけられているという。それがどういう意味なのかは、のちほど詳しく書こうと思っている。

さて、この大城さんというユタを頼って、いわゆる「神ダーリ」している人たちが集まってくる。神ダーリとは、人生のある時期、神様がその人に取り憑いて、様々なことをさせるのである。その中には明らかに理不尽なこともあり、時折神ダーリして、人は苦しみすぎて死を選ぶ。それほど過酷なのである。

その日も、大城さんの周囲には「弟子」と呼んでいた若い女性が三人いたが、二人は本島出身の女性、世名城《よなしろ》さんと真境名《まじきな》さんで、一人は石垣島出身の女性、宮良《みやら》さんだった。

「このお人はね、怪談とか書いてらっしゃるの。ムヌカチャー（物書き）なの」と大城さんは私を紹介した。

しばらく私たちはそれぞれがチョイスしたサンドイッチを頬張《ほおば》りながら、いろいろな話をした。非常に面白い話が満載だったので、これらの話から紹介していこうと思う。

まず私の正面に座っていたのは、小柄で髪の長い宮良さんだった。彼女は二十六歳で、那覇で就職していたが、ある日久高島《くだかじま》に友人と遊びにいって気を失い、そこからいろんな声が聞こえるようになったという。

〝それ〟が起こった頃、宮良さんは那覇市で事務職についていた。石垣島から本土の短大を卒業して、すぐのことだった。就職して一年目の夏、職場の友人五人と久高島に渡った。神の島と呼ばれる久高島に行くのは初めてだった。

久高島に着くと、陽光と潮の香りが彼女の神経を優しい気持ちにさせた。なんて素敵な場所なんだろう、と思った。そこで自転車を借り、みんなで端っこのカベール岬を目指して走り出した。自転車に乗って友人たちと走るのなんて何年振りだろう。彼女の精神は生き生きと輝きだし、写真を撮りまくり、流れ出る汗などおかまいなしに自転車のペダルを漕いだ。太陽と潮の香りが彼女を幸せな気分にした。

しかしカベール岬に到着して、浜辺に降りたとたん、高周波の耳鳴りが彼女を襲った。いきなり聴力を奪われた彼女はその場に立ち止まり、頭を抱えてそのまま倒れこんだ。

気がつくと、知らないオジイの運転する軽自動車に載せられて、港まで向かう途中だった。そのまま船に乗せられて、南城《なんじょう》市の港から救急車で運ばれた。その間のことは意識がなく、あまり覚えていないという。

病院で精密検査を受けたが、異常なし。脳のCTスキャンも撮影したが、異常なし。しかし入院中も耳鳴りがひどくなり、何度も卒倒して意識を失った。

その時に夢の中に七代前の先祖と名乗るオバアが現れた。テレビとかでよく見る、沖縄のノロ（神女と表記される。集落のまつりごとを執り行う女性祭祀）の格好をしていた。「ヨナオセ、ヨナオセ（世直し）」とオバアはテープレコーダーのように繰り返しいった。そこで退院してからしばらくして、母親が彼女を大城さんのもとに連れてきたという。

宮良さんにとって大城さんのところに連れてこられたのは正解だったようで、今は耳鳴りもオバアの出現も落ち着いているという。

「ところでピトゥトゥルマジムンって聞いたことがありますか？」と宮良さんは唐突にそんなことをいった。

「ピトゥ？　はあ、なんですかね。聞いたことないですね。ピトゥは人ですかね」

「はい、人を捕るマジムンです」

「知りません」

「それが、那覇にいたんです」

「どういうことですか？」

「今から五年くらい前の話なんですけど」といって彼女は話を続けた。

ピトゥトゥルマジムン

宮良さんの住んでいた家の近くには、昔から何も建っていない草がボウボウの空き地があった。ある日その空き地にロープが張られ、重機が投入され、五階建てのアパートが建った。一階は店舗が二つあり、向かって左側が散髪屋で、右側がラーメン屋だった。

散髪屋の前には赤と青がくるくると回転する、散髪屋のシンボルともいえる例のサインポールが設置された。

毎朝出勤する車の中からそのサインポールを見ていたが、ある日そこに何かが巻きついているのが見えた。

くるくると回転する赤と青の波。そこに灰色の何かが巻きついていた。

最初はガムテープか何かと思ったが、よく見ると立体的で何かおかしい。仕事帰りの宮良さんは、思わず車を停めて、そのサインポールに見入ってしまった。

それはガムテープでも紐でもない。灰色の大蛇のようなものだった。それがサインポールに巻きついて、ゆっくりと動いている。と、その頭を見て宮良さんは絶句した。

髪の長い灰色の女の顔が付いている。目は赤く虚《うつ》ろで、口の中は真っ黒である。見た瞬間、背筋がぞっとして、吐き気がした。やがて耳鳴りが襲ってきたので、彼女は急いで車を発進させて家に戻った。

次の日も、そのまた次の日も、それはそこにいた。見るたびに当初感じていた恐怖はだんだん収まり、なぜだかそれと話がしたいと思うようになっていた。

当時は大城さんのところに通っていたので、宮良さんはそのことについて聞いてみた。

「ヘビだったのね、それ?」

「はい、結構大きなものでした。それより頭が付いていたので、びっくりしました」

「ピトゥトゥルマジムンって聞こえるけど」と大城さんはいった。

「なんですか、それ?」

「私も本で読んだだけで、実際に見たことないんだけど、石垣島の大浜集落に伝わる話があるわよ。人の命を取るからピトゥトゥルなんだって」

「ウトゥルス(おそろしい)……」宮良さんは寒気を感じていった。

そう口ではいったものの、なぜかそのものと一度対話がしてみたい、と強烈に思うようになった。もちろんそのことは大城さんにはいわなかった。

ある日曜日、昼食を済ませた宮良さんは、ふらりと外に出て、例のアパートまでやってきた。サインポールの前にいくと、それはそこにいて、大空を虚ろに見上げていた。

「こんにちは」と彼女は声に出していってみた。

すると灰色の頭がくるりと彼女のほうを向き、真っ黒な口をパカンと開けた。

「ピトゥトゥルさん?」

宮良さんがそういうと、相手はニヤリと笑ったような気がした。

「うちに来ますか?」

そう聞くと、大蛇は再び空を仰ぐように見つめて、そのまま薄くなって消えた。

散髪屋は日曜日のせいで混んでいた。宮良さんは、なんだかがっかりしてその日は家に帰った。

「ピトゥトゥルってどういうマジムンなんですか?」とそれから宮良さんは大城さんにたずねた。

　すると大城さんは一冊の本を彼女に貸してくれた。それは『八重山郡石垣市／大浜の民話』という沖縄国際大学の発行した論文集だった。そこにはこんな話が載っていた。


　昔、石垣市の大浜集落のフクギの木に何かが取り憑いた。それはピトゥトゥル（人捕り）マジムンと呼ばれた。

　それは見えるものには見え、普通の人間には見えないものだったようだ。

　ちょうど大浜集落に住んでいた、ユタのお爺さんがそれに気づいていった。

「このフクギに、ピトゥトゥルマジムンがいる。天から降りてきているから、どうにかして願って追い出さないと、誰かが死んでしまうぞ」

　この爺さんは祈祷《きとう》しながら、鼻血をゴーゴーと出す人でもあった。ある日、爺さんがピトゥトゥルマジムンを追い出すために祈祷していると、そういったものを信じない若い連中がやってきた。

「こんなして祈ってても何の役にもたたない。鉄砲で撃ったほうが早くないか？」

　するとそれを聞いた爺さんはこういい返した。

「いや、もしお前が鉄砲で撃って、万が一外してしまったらどうする？　そうしたらお前の子孫は七代祟られ、いや子孫全部が全滅してしまうだろう。それに万が一追い出せなかったら、私にも迷惑がかかってくる。だからそんなことはしないで、祈りで追い出しておこう」

そういって血気盛んな若者たちを説得してくれたという。

と、話はここで唐突に終わっている。

話の最後には「この事件は大浜〇〇〇番地の〇〇〇〇さんのお宅のフクギに、ピトゥトゥルマジムンが取りついたときの話である」と但し書きも書かれていた。だから本当の話なのだろう。

しかしそこにはピトゥトゥルマジムンがどんなマジムンなのか、退治されたのかあるいはそうでないのかも、あいまいだった。

宮良さんは大城さんに話すと、彼女はそれについてこんなことを教えてくれた。

「私の聞いた話よ。ピトゥトゥルマジムンは実は天から落ちてきた悪い神様なんだって。それはちゃんとお祈りをして天へ還さないと、一家すべてを滅ぼしてしまう。戦前は石垣の集落によく現れたって聞いた。もし鉄砲で撃ったり、とり憑いた木を燃やしてしまったりしたら、その一家は全滅。火事になったり、不審死を遂げたりしたらしいのよね」

「怖いですね」

「だからあなたも関わりを持ったらダメよ。メーゴーサー（げんこつ）するわよ。そんなことしたら」

大城さんはふざけて宮良さんの頭をコツンと叩くしぐさをみせた。

だが家に帰った宮良さんは、その夜遅く家を出て、散髪屋の前に立った。店は閉まっており、あたりは暗かった。サインポールは動いていなかった。しかしピトゥトゥルがそこにいるのは、なんとなく感じられた。

「ピトゥトゥルさん、私、お友達になりたいの」と宮良さんはいった。「おうちにきませんか。私一人暮らしだし、話し相手もいないの」

しかし相手はそこにいるのに、返事をしなかった。

しばらく宮良さんは呼びかけてみたが、返事はなかった。その夜はあきらめて家に帰った。

それからしばらくした金曜日の夕方。いつものように職場から車で帰ってきた宮良さんは、例のアパートの前に救急車や消防車が停まって交通渋滞を引き起こしているのに遭遇した。

散髪屋が燃えてしまった。

散髪屋のテナントの場所だけ、真っ黒な穴が開いたように焼け焦げていた。まるでピトゥトゥルマジムンの開いた口にそっくりだった。

それから宮良さんは必死になってピトゥトゥルマジムンの痕跡を探した。なぜだか理由はわからないが、それと自分は話をしなければならないという強迫観念のようなものがあったのだという。それを大城さんにいうと、彼女はこんなことをいった。

「もしかしたらそれって宇賀神《うがじん》の一種かもね。宇賀神は身体がヘビで頭が老人なんだけど、もしかしたらあなたの後ろにつくはずだった神様かもしれないわね」

「どこにいるんでしょうか」

「うーん、わからない……」大城さんは言葉を濁した。

その後、散髪屋の跡地はすっかり改装されて、センベロの飲み屋になった。彼女は何度か飲みにいったが、もはやそこにはピトゥトゥルマジムンの痕跡はなかった。完全に消えてしまった。

それから彼女はその痕跡を探し求めているという。理由は自分でもわからない。なぜだか魂の片割れを失ったような気分に襲われるからだという。

小鳥グヮー

その横のラーメン屋の話である。散髪屋が火事になってから、宮良さんは何度かその横のラーメン屋に食べにいった。もちろんそこにもピトゥトゥルマジムンの痕跡はなかった。

しかし友人も少なかった宮良さんは、日曜日の昼過ぎになるとそのラーメン屋にいって、カウンターの一番右端に座ってとんこつラーメンを一人で食べるのが週のルーティンになっていた。

ある時、ラーメンを啜《すす》っていると、換気扇の音に混じって、どこかで聞いたことのある、かん高い音が聞こえてきた。

チュンチュンチュン、チュンチュンチュン。

チュンチュンチュン、チュンチュン。

どう聞いても小鳥の雛《ひな》の声にしか聞こえない。

もしかして換気扇の調子が悪くて、あるいはビスが緩《ゆる》んでいてそのような音がするのかもと考えたが、どう聞いてもやはりそれは雛の鳴き声にしか聞こえなかった。

あまりにもはっきりと聞こえるので、彼女は後ろでテーブルを片付けているアルバイトの女性に声をかけた。

「あの、ちょっとすいません」

「はい、なんでしょうか？」

「すいません、小鳥の鳴き声が聞こえません？」

「小鳥ですか……あ、そういえば聞こえますね」

「聞こえるでしょう？　これって換気扇の音じゃないですよね」

チュンチュンチュン、チュンチュン。

チュンチュンチュン、チュンチュン。

「ちょっと待ってください。店長！　店長！」

今度は奥から店長がやってきた。

「ああ、小鳥グヮーだ」と店長もいった。グヮーとは小さなものなどにつける愛称の方言である。

そこで換気扇を止めてみた。しばらくは聞こえなかったが、やがてチュンチュンとどこかで鳴き始めた。どうやら換気扇の音ではないらしい。だがみんなでその音がどこから聞こえてくるのか探してみたが、皆目見当がつかない。しかもその音は向かって右側のカウンター周辺でしか聞こえないことがわかった。そこから離れると、なぜだか音はしなくなるのである。

「もしかしたら隣の散髪屋の火事が原因かもしれない」と店長はそんなことをボソッと呟いた。

それからも宮良さんはそのラーメン屋に日曜日の午後になると出かけて、同じ席に座った。最初は音はしないのに、しばらくするといきなりはっきりした音が聞こえてきた。

チュンチュンチュン、チュンチュン。

チュンチュンチュン、チュンチュン。

その日は朝から頭痛がする日だった。頭痛薬を飲んでからラーメン屋に向かったが、カウンターに座って食べていると、なぜだかカウンターの中に幼い女の子の後ろ姿が見えた。入学式に着るような白地のシャツに紺色のベストをつけている。しかしその方向に目を動かすと、映像はまったく見えなくなった。そこで視点をずらすと、再び視界の端にその少女が現れた。

見ているとその少女の肩に、桜文鳥らしきかわいい小鳥が現れた。それも三匹。肩に乗って、ちょんちょんと飛び上がっている。

「ああ、これが鳴いていたんだ」

宮良さんは妙に納得してしまった。

宮良さんはその少女に声をかけた。

「文鳥、かわいいね。名前はなんていうの？」

すると次の瞬間、少女と文鳥の姿は溶けてなくなり、変わりに黒こげの焼死体が見えた。

宮良さんは思わず悲鳴を上げてしまった。


それからしばらくしてコロナが世界を席巻し、いつのまにかラーメン屋は閉店してしまった。今ではどこかの会社が事務所として二つのテナントを借り切っているので、宮良さんはそれからその場所に立ち入ることもなくなってしまった。

少女と肩に乗った文鳥も、もう見ることはなくなってしまったという。

エギリドリ

大城さんのお弟子さんで、那覇市出身の真境名えりこさんは、一度だけ巨大な鳥を見たことがあるという。

沖縄本島を襲った記録的な台風の夜で、真境名さんは浦添《うらそえ》市に住んでいたが、夜七時ごろから停電してしまった。クーラーもストップして、どうにもならない。

かといって窓など開けるものならもっとひどいことになりそうだ。しかしあまりの暑さに真境名さんは我慢できなくなった。どうにでもなれと思い、ジャージ姿のまま雨風の吹きすさぶベランダに出てみることにした。

出てみると、体感として感じられる風はそんなにひどくはない。

真境名さんの住んでいたのはアパートの三階で、目の前は米軍の基地だった。雨風のあたりにくい端の方に腰を下ろし、ぼんやりと米軍基地の方をながめていた。

と、視界の端に何か動くものが見えた。

漆黒の大空の中に、何か赤いものが動いている。この台風の中、何かが飛んでいるとは認識したが、おそらく畑のビニールシートとか、観測用の気球とかそんなものだろうと考えた。

だがどれも違った。

まるで古代の翼竜のような真っ赤なものが、はっきりと目の前を通過していった。それが何だったのか、真境名さんには理解できなかった。それは赤い翼を激しく動かしながら、沖縄市方面から那覇市方面へと飛び去っていったという。

台風が収まったあと、国道の大きな並木は倒され、基地の中の輸送車や戦車などもひっくり返ってしまっていた。

あれはもしかしたらエギリドリだったのかもしれない、と真境名さんは考えた。エギリドリとは疫病や戦争が流行《はや》る前に現れるという怪鳥である。

「私、実はこの前も見たんですよ」と真境名さんはいった。「ちょうどウクライナ侵攻の前の年の十二月だったんですけどね。全身から血を流して、すさまじい臭いを発していたんです。なんだか傷ついた感じで可哀想でね。でもそれを見たからってどうにもできないんですよ。戦争を止めたり、疫病を流行らせないようにすることはできない。悲しいですよね。非力を痛感しますよ。それを見た私はどうすればいいんでしょうか。ブログに書くとか、ツイッターに書いても誰が信じるんでしょうか。例えそれが信じられたとしても、私がそれを予言した女だ、みたいに騒がれて終わりです。悲しみしかないですね」

真境名さんは最後に方言でこんな言葉を喋った。

「チムグリサン（心が悲しい）」

それはきっと、沖縄の神々の気持ちなのだろう、とそんなことも彼女は告げた。

エギリドリは今、どこの空を飛んでいるのだろうか。

ピーフキトゥリ

エギリドリに似た話が石垣島に伝わっている。

昔、沖縄本島から一人のムヌンス（ムヌシリともいう＝物知り、占い師）が石垣島に招かれてやってきた。彼女は多くの人を助けたのだが、村の役人からは悪人だとレッテルを貼られてしまった。すなわち嫉妬であった。世を惑わす悪者だと無実の罪を着せられ、ミーナーヤー（牢屋）に入れられてしまったのだ。

ちょうどその牢屋にはナーマックドンという名前の看守がいた。彼は、牢屋の中で意気消沈しているムヌンスを見て、可哀想に思い、ひそかに食物などを差し入れしていた。

二人はいつのまにかお互いのことを喋るようになった。すなわち友達になったのである。

だがムヌンスは牢屋に入れられてから非情にも乱暴されてしまった。おかげで、次第に元気を失い、やがては一人では立てなくなってしまった。

「ナーマックドンよ、お前にお願いがある」と苦しそうな表情のムヌンスがいった。

「お前は来世を信じるかい？」

ナーマックドンは「信じる」と答えた。

「私は死んだらピーフキトゥリ（火を噴く鳥）に変化《へんげ》して、このあたりをすべて焼き尽くしてしまおうと思っている。この町は腐敗している。だがお前だけは、私に食物を与え、優しい言葉をかけてくれた。この恩は、私がピーフキトゥリになってしまっても絶対に忘れないだろう。

もし村が炎に包まれたら、ナーマックドンよ、杵《きね》で臼《うす》を三回、コーンコーンと叩くといい。それで私にお前の所在がわかる。そうすることにより、お前とお前の親戚の家は火の災いから逃れられるだろう。お前が私を助けてくれたので、これはささやかなるお礼だ」

そういい残し、ムヌンスは静かに息を引き取ったという。

その後のことである。

ムヌンスが牢屋で死んでからしばらくした頃、いきなり牢屋から激しい火の手が上がった。炎の中から一羽の巨大な鳥が姿を現した。それは口から炎を吐きながら、集落を炎の海にしていった。集落の人々は逃げ惑ったが、火の手は想像以上に早く集落を焼き尽くした。

その知らせを聞いたナーマックドンは、親戚中に呼びかけて、家にある杵で臼を三回叩かせた。

それが目印になったのか、ピーフキトゥリは彼らの頭上を舞いながらも、炎で焼き尽くすことはしなかった。ナーマックドンとその親戚の家だけは、まったく燃えることがなかった。

現在でも災いの前にはピーフキトゥリが夜中に飛ぶといわれている。

タヌキ

那覇で雑貨店を夫と一緒に営む世名城恵さんは、祖父から聞いたこんな話が忘れられないという。

沖縄が日本に復帰する少し前、世名城さんの祖父、光二さんは、信州のとある工場で働いていた。

本土といっても信州は田舎で、二両編成の電車が田んぼの中を進むような、そんなのどかな場所だったという。

ある日のこと、通勤のためにその電車に乗っていると、いきなり急ブレーキがかかり、座っていた光二さんはあまりの衝撃に座席からすべり落ちてしまった。

しばらくすると、車掌さんの声がスピーカーから流れてきた。

「大変申し訳ありません。タヌキを……えー、小動物を轢《ひ》いてしまったようです。今しばらくお待ちください」

そういって車両の前と後ろのドアが開いて、運転手と車掌が轢いてしまった動物を確認するために外に出てきた。

光二さんは二両編成の先頭車両に乗っていたのだが、どうやら轢いてしまった小動物は二両目の下に横たわっているようだった。

「あらまあ、立派なタヌキだわ」

光二さんの隣にいたおばさんが、窓から身を乗り出してそういった。光二さんも見ようと、窓から身を乗り出した。

「あれ……タヌキじゃない……」

思わず光二さんはそういった。彼の目に飛び込んできたのは、真っ赤なハイヒールにベージュのスカートを履いた、すらりとした女性の二本の脚だった。

まさか、人身事故じゃないか！

「あれ……大変ですよ！」と光二さんは隣にいたおばさんにいった。

「何のことかしら？」

「あれのことですよ」

「タヌキのこと?」

ところが周囲にいる人は誰一人、それが轢かれたタヌキにしか見えなかったという。

もう一度見た時に、女性の脚はすでになく、大きなタヌキがそこに横たわっていたという。

「沖縄にタヌキはいないんですが、タヌキに化かされるってこういうことなんだと、祖父はいつも話してくれました」

世名城さんはそう語った。

燃えるグスク

首里城《しゅりじょう》が燃えたのは二〇一九年の十月三十一日である。あれからかなり時間が経った。

それから三年の月日が流れた、そんなある日、真境名さんが終電間近のゆいレールに乗っていると、急に耳鳴りがし始めた。

別にその夜は飲んでもいないし、特別疲れていたわけでもない。ただ窓の外を眺めながらぼうっとしていると、激しい耳鳴りがしたのだ。

なんだか頭も痛くなりそうな気配がしたので、彼女は目をつぶって休むことにした。

次に目を開けた時は、ゆいレールは首里の近くを走っていた。

と、はるか彼方に、何やら明るい光が見える。何だろうと目を凝らしていると、向こうで巨大なものが燃えているのが見えた。

はっとして二度見したが、間違いなかった。

首里城が燃えているのだ。

え、また燃えている？

首里城が燃えたのは、三年以上も前ではないか。しかし何度目を凝らしても、やはりそれは首里城の方角で、まぎれもなく首里城が燃えているのである。

「大変だ……」真境名さんは蒼くなった。

と、急に耳鳴りがし始めた。ゆいレールが進むにつれてそれは遠ざかり、やがて消えて無くなってしまった。炎もまったく見えなくなってしまった

私は一体何を見たのだろう、と真境名さんは思った。

浦添の駅に着いた時には、お客は彼女一人で、ニュースを検索しても、火事の一報などどこにもなかった。

だがそういった火災の目撃談は現在もいくつかあるようで、不思議なことに時折話題に上ることがある。

ワタシガーラー

世名城さんはまだ十代の頃、よくおかしな夢を見た。まったく面識のない六十代くらいのごま塩頭のおばさんが夢に現れて、こう訴えかけるのである。

「あんたの家に行きたいのに、川を渡れないさ。どうにかしてくれないかねえ」

おばさんは非常に困ったというような表情を浮かべて、世名城さんの家の近くを流れる川向こうから、彼女に手を振っていた。

時折正夢とも取れる夢を見続けていた世名城さんは、これはどうにかしてあげたいと日に日に思うようになった。

そのおばさんは、どうやら見覚えのある場所に立っているように思われた。そこである日、家の近所を探し回ったところ、夢とまったくそっくりな場所を見つけた。

ただ違うのは、その場所にコンクリートの新しい橋が架かっていたことである。確かに夢に現れたおばさんは、その川の向こう岸からこちらに向かって呼びかけていた。

どうして夢のおばさんは橋を渡れないいんだろう。不思議に思いながら、世名城さんは橋の両側やその下を詳しく見て回った。

すると橋の下におかしなものを見つけた。それは小さな祠《ほこら》で、橋の南側にひっそりと置かれてあった。長い間誰も拝まなかったのか、雑草に覆われ、白いカビが生えていた。その祠へは目立たない小さな階段があり、そこを下っていくと誰でも祠に近づくことができた。

世名城さんは興味本位で、その階段を下りた。

下に着くと、祠には小さな碑文が二つあり、それぞれに「水神」と「仁王」と書かれているのがわかった。彼女は祠に仁王なんて書いてあるものは初めて見たという。

世名城さんがその前に立っていると、夢のおばさんが喋っている声がどこからともなく聞こえてきた。

「これをどかして」とおばさんはいった。

「どかすの?」と世名城さんは聞き返した。

「川に投げたら?」とおばさんが答えた。

その瞬間、堪《こら》え切れない悪寒のようなものが背筋を走り、世名城さんはゾッとして階段を急いで上った。

「捨てて」と背後で声がした。

世名城さんは振り返らずに、そのまま家に帰った。

捨てて。

捨てて。

声はどこまでも彼女の後を追いかけてきた。

家に帰ると、ユタの祖母が険しい表情で彼女を出迎えた。

「あんた、ヤナカジがついている。おいで」

そういって祖母は世名城さんを家の後ろに連れていくと、上半身のシャツを脱がせて、大きめのススキを三本束ねて結んだゲーンというもので彼女の背中を何度も叩いた。あまりにそれが痛かったので、まだ十代の世名城さんは思わず泣いてしまった。

その後、帰ってきた母親に夢の話を全部したところ、こんなことをいわれた。

「あんたが夢で見たおばさんは、きっと亡くなった祖父の浮気相手だよ。その女もすでに死んでいる。彼女は何度も何度も祖父の仏壇にお参りしたいとしつこいくらいいっていた。どうして浮気相手の仏壇に手を合わせたいのか、私にはわかっていた。あの女はこの家を破滅させる気なんだよ。なぜなら向こうもノロの末裔《まつえい》だからさ。もしお前がその祠を川に捨てていたら、今頃どうなっていたか……」

「どうなっていたの？」

「死者がワタシガーラー（三途《さんず》の川）を戻ってきたらどういうことになるか、考えたくもないよ」

それ以来、夢におばさんが出ることはなくなったという。

チケット

今から四十年ほど昔の話である。

当時、国際通りにはたくさんの映画館が並び、それぞれに行列ができていた。映画産業が黄金時代を迎えていた時期でもあった。

その日大城さんが国際通りを歩いていると、ある映画館の前で何かにひっぱられるのを感じて立ち止まった。

いつものように映画館には人が並んでいたのだが、何かおかしいものが紛《まぎ》れ込んでいた。それは血だらけのアメリカ兵たちであった。陸軍の迷彩服を着ているのだが、どの兵隊も血だらけで、中には顔が焼けただれているものもいた。どうみてもこの世の人たちではなかった。

ふと映画館を見ると、そこにはオレンジ色に照らされた坊主頭の男性とヘリコプターの派手な絵が描かれていた。『地獄の黙示録』というベトナム戦争の映画を上映中だった。

するると、大城さんの視線に気づいた一人のアメリカ兵が話しかけてきた。

「どう？　俺たちのこと見えるよね？」と相手は英語でいった。

「どうしてこんなところにいるの？　あなたたちはどこから来たの？」

大城さんがそうたずねると、兵隊の一人がいった。

「俺たちはただ、この映画が見たくて来たんだけど、日本円を持っていないから入れないんだよ」

目の前の兵隊は片目が飛び出していたが、気さくな感じでそう語りかけてきたという。

「どうして？　あなたたちもう死んでいるのに、お金を払って映画を見なくてもいいいんじゃない？　ほら、そこから無断で入ればいいのよ」

大城さんはそういって映画館の入口を示した。

「いやダメだ。俺たちはクリスチャンだからそんなことはできない」

そうアメリカ兵はいうと、人ごみの中にゆっくり溶けて、消えてしまったという。

大城さんは今でも、その映画館のあった場所の前を通ると、あの律儀なアメリカ兵の幽霊のことを思い出すという。

シーヌカミ

世名城さんの夫の実家は宜野湾《ぎのわん》市にあり、家のすぐ前にフェンスが張り巡らされ、その向こうは普天間《ふてんま》飛行場である。

ある日、夫の実家に用があった世名城さんは、義理の母親と歓談しながら夕焼けに染まる窓の外を眺めていた。ふと見ると、流し台の窓から見える米軍のフェンスあたりに、数人の小学生らしき人影が確認できた。小学生は三人いて、フェンスを触りながらそれに沿って歩いている。

と、一人の小学生がフェンスの向こう側にいるように見えた。

続いて一人、また一人と、なぜかフェンスをすり抜けて向こう側にいくように見えた。

「あれ、目の錯覚かしら」

あまりにも不思議だったので、思わず世名城さんは外に出て、フェンスを眺めた。

米軍基地の中、広大な芝生の上を、三人の子どもたちが彼方に向かって走っていくのが見えた。まるで身につまされた思いがした。

彼らは五十メートルほど走ったところで、前方にでんぐり返りをした。

そして忽然《こつぜん》と消えてしまった。

「あれね、前にも見たわよ」と義理の母がいった。

「義母《かあ》さんも見えたんですね」

「もちろん」

「生きている子どもじゃないですよね」

「あれはね、旧盆の村ウガミ（村落で決まった日に拝所などを拝む行事のこと）が始まる頃によく現れるの。私のオバアはシーヌカミって呼んでたけど」

「ああ、じゃあ神様なんですね」

「みたいよ」

「どこにいくんでしょうか」

「さあね。もともと神様にはフェンスなんて関係ないからね」

「そうですよね」

世名城さんは今まで二度ほどシーヌカミを見たことがあり、その姿はいつも嬉しそうで、全速力で米軍基地の中を走りぬけていった。二回とも日が暮れる寸前の夕闇迫る時間帯だったという。

カラス

今から二十年くらい前、とある単発のテレビドラマにコーディネーターとして少しだけ関わったことがある。物語は東京の刑事が犯人の女性を追って沖縄にやってくる、みたいなものであったが、監督は沖縄の霊能者を実際に描きたいとのことで、犯人の女性がユタ（っぽいオバア）に相談にいく、というシーンが追加された。

最初は沖縄の女性を使うみたいな話であったので、女優さんにもいろいろと声をかけた。そこで沖縄の有名な女優さんが演じることになったが、なぜか途中で東京の役者さんに変更された。そこで方言の喋れる、本物のユタのオバアと話したいというので、私は大城カマさんに助けを求めた。大城さんは主演男優さんを気に入っていたので、絶対いくと喜んでくれた。

撮影は読谷村《よみたんそん》のサトウキビ畑の中で行われた。読谷村には畑以外は現在も何もないが、二十年前はもっと何もなかった。そこに撮影機材やロケバス、撮影クルーなどが集まり、あっという間に三十人ほどの大所帯になった。

　大城さんはユタ役のオバアにいろいろと方言指導をして、私はそれらを黙って見ていた。

　そうして本番の撮影が始まった。監督が「ようい、はい！」と声をかけた。

　サトウキビ畑の畦道《あぜみち》に、主演の男性と、犯人役の女性、そしてユタ役のオバアと、制服姿の警官役二人がそこにいた。

　と、いきなりバサバサーという音がしたかと思うと、カメラと俳優たちの前に巨大なカラスが一羽やってきて、地面にとまったかと思うと、すぐに飛び立っていった。

「カットカット！」そういう監督の声には若干笑いがこもっていた。

「なんだよ、あいつ。助監、カラスに説教しとけ！」

　監督のその一言で現場は笑い声に包まれた。

　その時である。

　ユタ役のオバアを演じていた五十代の女優さんが、いきなりうめき声を上げながらその場に崩れ落ちた。すぐにメイク係の女性やスタッフが駆け寄った。最初は熱中症か日射病だろうということで、すぐにクーラーの効いたロケバスの中に運び込まれた。

だがそれを見て大城さんだけは妙な表情を浮かべていた。

「何ですか？」と私は訊いた。

「ふん、気に食わないねえ」と彼女は呟いた。

そこで二人で女優さんが休んでいるロケバスに向かった。大城さんは寝ている女優さんに近づいて、肩に手を置き、何かグイス（祝詞《のりと》）を唱えた。それから背中を何度も叩きながら、口の中でグイスを繰り返した。

「あんた、楽になったよね」と大城さんがいった。

「はい、嘘みたいに楽になりました」

「今、心の中に浮かんでいるのは誰ね？」

「えっ？」驚いた表情で女優さんがいった。

「知り合いの〇〇〇さん。同じく俳優仲間です」

「その人からあんた妬《ねた》まれていますよ。カラスが呪いを運んできた」

相手の表情には驚きが隠せなかった。

「実はこの役、彼女がする予定だったんですよ。それがスポンサーの関係で私になったんです」

「だからよ。もう取った。あんたは大丈夫よ」

すると女優さんは笑顔さえ浮かべて立ち上がった。

「ありがとうございます。嘘みたいです」

彼女は「嘘みたい」をテープレコーダーのように繰り返した。顔色もよくなってまるで別人のように生き生きと輝くのがわかった。

大城さんは女優さんにこう告げた。

「その相手の人には気をつけなさい。あんたに真面目に呪いを飛ばしてる。化粧鏡のコンパクトってあるだろ。そこにあんたの顔写真を貼り付けて、暇があったらそれを見ながら、あんたが倒れることだけを願っている。関係を切りなさい。じゃないとあんた大怪我するよ」

それから撮影は順調に進み、三日間のロケーションは無事終了した。

その女優さんは、それから定期的に大城さんに連絡をするようになった。あれから東京で幸せに暮らしていると聞いた。

ところでコンパクトに呪う相手の顔写真を貼り付けていた女優さんはというと、その後離婚して、名前をさっぱり聞かなくなった。
昔の人は実にうまいことといったものだ。
人を呪わば、穴二つ。
どちらが穴に落ちたのかは、誰にだってわかるというものだ。

第二章 耳切坊主の呪い

あるいは現代の神々

耳切坊主《ミミチリボージ》の話を聞いたことがあるだろうか？

琉球王府がまとめた歴史書の『球陽《きゅうよう》』に、「遺老説伝《いろうせつでん》」という別巻がある。そこには当時の琉球王府が編纂《へんさん》した、不思議な話や風俗的な話が載っている。

そこにはこんな話が掲載されている。

昔、尚敬王《しょうけいおう》の時代、那覇の若狭《わかさ》に護道院《ごどういん》という寺があった。そこに黒金座主《くるがにざーし》という僧侶がいた。

彼は類まれな妖術使いの坊主であったという。

黒金座主はその妖術をたくみに使い、女子どもから金品を巻き上げたり、狼藉《ろうぜき》の限りをつくした。その悪い噂は首里城の尚敬王のもとにも届いており、王は何とかして黒金座主を成敗しようと何人かの刺客を送ったが、みな失敗していた。

そこで王族の一人である北谷王子《ちゃたんおうじ》という、武術と知恵にすぐれたものを若狭に送り、黒金座主を殺すようにと命じた。北谷王子は首里城から少し離れた大村御殿《うふむらうどぅん》という大きな屋敷で暮らしていた。

尚敬王の命を受けた北谷王子は短刀を懐《ふところ》に忍ばせ（当時の琉球では日本の武士が持つような刀の携帯は禁じられていた）、一人で護道院に向かった。

護道院は荒れ果て、まさに魔窟と呼ぶべき状態だった。その荒れ果てたお堂の中に、黒金座主はいた。北谷王子を見た黒金座主は、相手が囲碁の名人でもある北谷長老なのを知って、一局交えないかと提案した。北谷王子も喜んでそれを承諾した。


さて、二人は張りつめた緊張感の中、囲碁を粛々《しゅくしゅく》とさした。やがて黒金座主が妖術をかけようとしたその刹那《せつな》、それに気づいた北谷長老はすっくと立ち上がり、まず短刀で黒金座主の両耳を切り落として、その後、腹を刺して相手を絶命させた。

首里城に帰った北谷王子は沢山の褒美を貰った。

これで一件落着になるはずだった。だがそれはぬか喜びに過ぎなかった。

それから大村御殿の周囲は、恐怖に襲われるようになった。それは夕刻になると、両耳から血をだらだらと流し、両手に大きな鎌を持った謎の坊主が現れて、子どもたちの耳をグスグスと切り取ったからだという。人々は恐怖のあまり、その坊主のことを耳を切る坊主、すなわちミミチリボージと呼んだ。

また北谷王子の家系では、その後、男の子が産まれるたびに、真っ黒に変色して死んでいくことが度々あった。これも耳切坊主の呪いだと知った北谷王子は、男の子が産まれるたび、赤子に女の子の格好をさせ、大声でこう怒鳴《どな》りながら、集落の中を走り回らせたといわれている。

「ウフイナグが産まりとんどー！（大女が産まれたぞ！）」

こうして耳切坊主の呪いを回避したという。

伝えられる昔話は、こんな感じである。

さて、私が調べた範囲で、一つ一つ検証していこうと思う。

まず黒金座主であるが、那覇の波上宮《なみのうえぐう》の隣にある護国寺《ごこくじ》の関係者によると、確かに護国寺の三代目住職に、黒金座主の名前があったといわれている。黒金座主は本名を盛海《せいかい》和尚《おしょう》といい、当時の北谷長老及び首里王府のやり方に対して楯突いた、いわば民衆のヒーロー的な存在だった。

そして護道院も確かに存在した。場所は那覇の若狭。現在の若狭公民館からマックスバリュ若狭店のあるあたりである。記録によると、そこは引退した僧侶が身を寄せる隠居寺だったという。護道院のあった場所にその井戸も確認されているが、残念ながら民家の敷地内にあるため、一般には見ることができない。

さて話を元に戻すが、北谷王子も実在したようである。北谷朝騎《ちょうき》と呼ばれる人物がそのモデルになっているといわれている。そして大村御殿は首里城の龍譚《りゅうたん》という池のすぐ前に存在し、沖縄県民には旧博物館跡といえば、すぐにわかる。現在でも当時の立派な石垣が残っている。

そして北谷王子の家系に産まれた男の子を、大女として集落に知らしめることで呪いを回避するというその行為も、実は広範囲に渡って広く残っており、奄美から八重山地方にまで、その風習が語り継がれているほどだ。

さて、ここからが疑問である。

首里王府の認めた由緒ある寺の住職であった黒金座主は、果たして何が原因で妖術を使う悪僧と呼ばれるようになったのであろうか？

実はこの件について、十年ほど前に私は独自に調査をしたことがある。護道院の正確な場所、および黒金座主の存在について、当時まさにその跡地に建てられた那覇市若狭公民館の職員だったのも幸いして、いろんな方に聞き込みをする機会があった。

そこでわかったいくつかの事柄がある。

おそらくこれが真相のような気がしてならない。

実はこの「遺老説伝」が編纂され、悪僧・黒金座主の話が流布される前、別の民話が残されていた。それは「黒金座主のマジムン退治」という話である。ここでは黒金座主は那覇の奥武山《おうのやま》あたりにあった隠居寺に巣食うマジムンを退治する正義のヒーローなのである。どうも耳切坊主の話と食い違う。

そして若狭のお年寄りからも話を聞くと、何か様子が違う。

あまり黒金座主のことを悪くいうお年寄りが少ないのだ。

そしてこんな話も聞いた。若狭の近くには辻という遊郭があった。そこにいたジュリと呼ばれた遊女たちの堕胎手術も行っていたという話である。

この話は悪僧・黒金座主のイメージからは遠くかけ離れている。

そしてさらに調べていくと、どうやらこの黒金座主という人物は、王府に何らかの理由で逆らったか、政治的謀略の渦の中に巻き込まれた可能性があることがわかった。

当時の首里城では、親日派と親中派に分かれていた。それぞれとうまく交易をして利益を上げようと王府は考えていたのだが、その実この二つは激しく対立していたという。

さてこの黒金座主には弟子の僧侶がいた。現代では忘れられているが、心海上人《しんかいしょうにん》という人物である。この心海上人はなかなかの曲者《くせもの》であった。民話の中では、心海上人は善人だが、不思議な力を持っていたといわれている。

那覇にいながら、知り合いの中国の寺が火事になったので、その火を消したとか、自分の死ぬ日を予言して、正にその日に亡くなったといわれている。

この心海上人がおそらく親中派であったことから、もしかしたら黒金座主も親中派で、抗争に巻き込まれて、処刑されてしまったのではないか。

ここでキーとなるのは、処刑される前に両耳を切り落とされたその最期の姿である。

子どもでも考えたらわかることだが、襲い掛かってくる人間の両耳を短刀で切り落とすなど、至難の技である。北谷王子はそんなことせずに、そのまま喉や腹を突けばよいはずである。伝承によっては、殺された時は腹を刺されただけであるが、その後大村御殿に現れた時に、両耳のない血をダラダラと流す姿で描かれる。

では両方の伝承にイメージとして現れる、耳のない姿とは一体どういう意味なのだろうか。

いにしえの中国では、罪人を処刑する前に、まずその両耳を切り落としたという。これは処刑人が祟られないよう、まず罪人を人間とは違うもの、すなわち人非人にしてから、処刑するのである。この説が正しければ、耳を切られてから殺されたという描写も、あながち間違いではないのである。

つまり、黒金座主は首里王府の家系のものによって、正式に処刑されたと見るのが正しいのではないだろうか。

首里王府が認めた由緒ある寺の住職が、隠居した途端に妖術使いになり、悪僧に豹変するとはどうしても考えにくい。

そして黒金座主が処刑されたあと、さきほども書いたように彼には弟子がいて、後世にそのことを伝えたのである。

ここで面白い沖縄の民謡を紹介しよう。

それは「耳切坊主の子守唄」と呼ばれる、作者不明の歌である。

この歌の大意は次のようになる。

大村御殿の角に、耳切坊主が立っている。

何人も立っている。三人、四人と立っている。

子どもの耳をグスグスと切る。

ヘイヨー、ヘイヨー、泣かないよ。


このような歌詞でどうやって子どもを寝かしつけるのかは疑問だが、とにかくこの歌は昔から伝わっているもので、現代でもいろいろなバンドや唄者がレコーディングしているほど有名である。

さて、この歌は誰が書いたのか。

実はこれについて、以前に話を聞いたことがある。

心海上人の子孫たち

実は以前、若狭公民館に勤めている時に、二人の人物から話を聞いた。

一人は黒金座主のことを悪くいわないで欲しいと、お孫さんと一緒に訪ねてこられたオバアさん。そしてもう一人は、当時六十歳くらいだった短髪の男性である。

オバアさんの話は、自分は小さい頃から黒金座主様の話は親から繰り返し聞いていた。私の先祖も大いに助けられた。だから現在悪僧のようにいわれるのが忍びなくて、という話であった。

もう一人の男性は会社役員の名刺を出した。

「私は星といいます。奄美の出身です」と彼はいった。

星さんの先祖は、心海上人だという。正史では心海上人には子どもはいないのだが、実はその弟子の中に実子がいたというのである。

「いや、正史を学んでいたら、そんなことたわごとに聞こえるかもしれませんが、うちの家系はそういう家系なんです。あの有名な「耳切坊主の子守唄」って知ってますか。あれ、作詞作曲したのはうちの家系のものです。これはうちの家系で語り継がれている有名な話なんです」

星さんが話したのは、こんな話である。

当時、主人であった黒金座主が北谷王子に処刑されてから、心海上人たちの心は暗くなり、復讐を誓ったという。

まず黒金座主の弟子たちは、夕暮れの首里へと向かった。坊主の格好をして、黒金座主が処刑されたことに抗議するため耳から血を流させ、大村御殿の角で、北谷王子の家系の子どもたちが出てくるのを見計らって、次々に襲い、その耳を切ったという。

そして極めつけは、世間に北谷王子の邸宅の近くには、いまでも耳切坊主がいると認識させるために、そのような唄をわざと作り、流布《るふ》させたことだという。

最終的に彼らは、首里王府の追及をのがれるために、秘密裏に奄美へと渡った。

「いやね、別に信じてもらわなくてもいい。これは正史じゃないですから。でもうちの家系にはそう伝わっているんです。要するに、先生が普段書かれているような怪談にしてもらっても構わない。真実か嘘かなんて、気にしているのは少数ですから」

星さんと名乗る男性はこうも続けた。

「実は北谷王子の家系のものたちも、存命なんです。どこの家系か知ってますよ。家だってわかります。一度、沖縄市で彼らとすれ違ったうちの一族がいましてね。相手は私たちを認識していませんでしたが、私の家系のものは知っていたんです。だからその場ですぐに靴を脱いで、塵《ちり》を掃《はら》いました。これは昔からうちに伝わる風習で、悪魔と出会ったら、草履の塵を掃えっていい伝えられているんです。これで相手が死ぬとか、それはわかりません。私にわかるのは、北谷王子の家系のものが、現代においても、男の子が産まれたら、病院の中で『大女が産まりとんどー!』と走り回るということです。彼らは恐れているんです。自分たちに呪いがかけられたことを、多分知っているのだと思います」

「あの、聞いてよいですか」と私は質問した。「呪いってどんな呪いですか?」

「長子にかけられた呪いですよ。黒死と呼んでいますが、ペストのようでもありますね。でも違うんです。あれは呪いなんです。その家系に産まれた男の子が未来永劫に呪われるようにと、私たちの先祖が飛ばしたイチジャマ(生霊)なんです。信じてもらわなくても結構ですよ。コンピュータの時代に生霊とか呪いとか、まったく物騒な話ですよね。でもね、これは私と相手の家系の話なんです。歴史研究家がどう思おうと関係ない」

「ところでこのお話を本に書いてもいいですか？」

「もちろん書いて結構ですよ。でも誰が信じます？　こんな話を」

星さんはそういって屈託なく笑った。

誰が信じる？　こんな話を。

少なくとも、私は信じているのだが。

ケンサヤーのシーサー

さて、その護道院跡地は長らく空き地であったが、現在ではマックスバリュ若狭店が建っている。そしてその角地に、一つのシーサーが奉納されて、今もある。

ここにはいろんな話が伝わっている。

この近くには、一六七二年から一九四四年の那覇市大空襲まで、辻と呼ばれる遊郭が存在していた。そして遊郭のジュリたちは、客から性病をうつされる事案が多数あったため、この敷地内にケンサヤー（検査場所）と呼ばれた病院があったとされる。

この場所は前述の護道院があったためなのか定かではないが、敷地内に祠があり、一つのシーサーが奉納されていた。ある日、入院していたジュリの一人が、このシーサーにイタズラをしたため、病院は火事になり、全焼した。

その後近代になり、運転免許試験場になってからも、このシーサーだけは残されていた。

ここで免許を取った人からは、着物姿のジュリがコースの中にいたとする証言も残されている。

現在、この場所は整備され、ショッピングセンターになっている。

幽霊の話はもう聞かれないが、現在は三代目にあたるシーサーが一角に奉納され、地域の人々の守り神として大切にされている。おそらくこのシーサーには力があるのだろう。

現在のその場所はとてもよい感じがする。

地域が平和を必要としている時、琉球の神はきっとそれをかなえてくれる。

ぜひ沖縄にきた際は、ここを訪れるといい。

たぶん、私のいっている意味がわかるはずだ。

マックスバリュ若狭店の南西角にある火の神　若狭町シーサー。
シーサーはマジムンや悪いものから集落を守るケーシ（返し）の意味がある。

クシデージの神

昔、粟国《あぐに》の島にウランダー船（ウランダーはオランダのことであるが、当時の呼び名で外国から来た船のことを全部そう呼んだ）がやってきた。その船に乗っていた外国の船員たちは、鉄でできた自分たちの船のことを誇り、沖合いにあったイショージの岩という岩礁にぶつけても、この船はまったく平気だと威張《いば》っていた。

それを見た粟国のクジデージの神様が、呪文をとなえた。

するとウランダーの船は勝手に動き出し、あっという間にイショージの岩にぶつかって、大破してしまったという。

乗組員たちは海に投げ出され、サカキジルという小島に上陸しようとしたが、岩が割れて落ちてきて、たった一名を残して全員溺死してしまった。

一方、ウランダー船とぶつかったイショージの岩は割れて、そのまま潮に乗ってどんどん沖合いに流されていった。

するとすると渡名喜《となき》島のあたりまで流れていった時、渡名喜の神様であるスイノスーが天に向かって「止まれ」と命じたので、岩はその場所に留まり動かなくなった。

そこには後年砂が溜まり、現在では出砂島《いですなしま》という、美しい無人島になっているという。出砂島は入砂島とも呼ばれ、知られる絶景スポットとなっている。

ところで、この物語に現れたクシデージの神には、こんな逸話が残っている。

強大な力を持ったクシデージの神には、なんと目と鼻がなかったという。

そのため、自分の容姿にない、目や鼻という言葉を人が発すると、様々な悪いことが起こるといわれている。

昔、カンデューパッパーという漁師が海に出た時、海を見ながら「今日はアカミーグヮ（赤目という意味の小魚）がいっぱいいるなあ」と何気なく呟いただけで、急に魚が一匹も獲れなくなったという。

またサツマイモの種類であるハナウテイウムという名前を呟いただけでも、その名前に鼻を意味する言葉が入っていることから、海が荒れたともいわれている。

この話に出てくる出砂島は、後年『ちゅらさん』というドラマのオープニング映像に使われたことで有名になった。

目も鼻もない

その神様とクシデージの神が関係していたのかは、さだかではない。

牧志ミチコさんは粟国島の出身である。ところが御盆などに粟国島に渡るたびに、おかしな夢を見るという。

深くて暗い洞窟の奥に、松明《たいまつ》だけがぽつんと燃える広い空間がある。そこに牧志さんは一人で入っていくのだが、その奥には一人の人物が立っている。だがその顔には目と鼻がない。顔の真ん中には小さな人間の口がついており、何か重要な事を牧志さんに話しかける。だが目が覚めても、その重要なことの意味がまるっきり思い出せない。

「一体何をおっしゃりたいのか、記憶に残るように話していただけませんか」と牧志さんは何度もお願いをしたのだが、今に至るまでそれらを思い出すことはない。

だが一度だけ、こんなことがあった。

今の旦那さんは那覇の出身である。

二人は友達の紹介で出会ったのだが、ある日二人で映画を見てから彼女は旦那さんのアパートに泊まった。次の朝目がさめた旦那さんは、歯を磨きながらこんな話をした。

「昨晩夢を見た。なんか、目と鼻のない男性が現れて、長い棒で頭を撫でられる変な夢だった」

「粟国島のオバアが話していたクシデージの神様と同じみたい」と牧志さんはいった。

その後、宜野湾のコンベンションセンターで、占い師やスピリチュアルな人たちが集まるイベントがあった。そこで一人の占い師にワンコインで見てもらう機会があった。

「あなたには宇宙人の神様がついてます」

「へーえ」

牧志さんは思わず失笑してしまうのを必死でこらえた。

「それはシリウスから来た宇宙人で、神様ですよ」

「へーえ」

笑っちゃうじゃない、と彼女は思った。思わず口元が緩んだ。

「その宇宙人は目も鼻もない。口だけなんです。どうしてですかね」

「えっ？」

牧志さんはいきなりいわれた言葉にはっとしてしまった。

「今何ていいました？」

「ですから、あなたを守っておられるのはシリウスの宇宙人で、顔には口しかないですね。はい、そういう顔をしておられます」

その占い師はそれしか伝えてくれなかった。それ以上聞いても、私にはそれしかわかりませんと相手は答えた。

「だから私には宇宙人がついているらしいです」と牧志さんは語った。「後年、諸星大二郎先生の漫画で『無面目』というのがあって、そこに描かれた神様がクシデージに似ていました。あれは中国の古典をもとにしたらしいですから、案外クシデージの神もそのあたりの伝承なのかもしれませんね。沖縄と中国はいろんな意味で非常に近い存在でしたから。でもどうして結婚前に旦那がそんな夢をみたのか、あの占い師が宇宙人と形容した後ろにいるらしい存在がクシデージとそっくりなのかは、今の私にはさっぱりわかりません」

そう語る牧志さんは、今でもその夢を見ることがあるという。

ムカデの神

名護市の荻堂《おぎどう》家には、代々こんな話が伝わっている。それはムカデについてである。ムカデと聞くとあからさまに嫌悪感を感じる方もいるだろう。その容姿もそうだが、毒を持っているので噛まれると激しい痛みを伴う。

だが荻堂家では、ムカデは実は神様の使いなのである。

年代もわからないくらい昔、荻堂家の祖先はいろんな事情があり、今帰仁《なきじん》城から追い出されてしまった。

そこで何もない原っぱを祖先が一人歩いていると、目の前の水溜りに一匹の大きなムカデがいた。先祖は可哀想に思い、そのムカデを水から出して、助けてやった。

するとムカデがいった。

「あなたが私を助けてくれたので、我々は事あるごとにあなたを助けるでしょう」

それ以来、ムカデは彼らの家の守護神となったという。

戦後、荻堂家に養子で一人の男性が嫁いできた。彼は荻堂の娘と結婚して、名護で農業を妻と一緒に営んでいたが、ある日畑で大きなムカデを発見した。見たこともない巨大なムカデであった。恐怖を感じた彼は、思わず手に持った園芸用のハサミでムカデをスパッと切断してしまった。

すると急に腹痛に襲われた。急いで家に帰ろうとすると、途中の山道で雷雨になり、激しい嵐になった。

びしょ濡れで家に戻ると、オバアが険しい顔で仏間から出てきた。

「何かあったのかねえ。トートーメー（位牌）がいくつか根元からぽっきり折れてしまったさ」

「こっちはそれどころじゃないよ。でかいムカデを殺してから大雨に見舞われるし、お腹の調子も悪くてさ」

そこで畑でムカデを殺してから調子が悪くなったと話すと、一家は大騒ぎになってしまった。

「そのムカデは荻堂家の守護神であるからさ。きっちり謝らないといけないよ」

そこで荻堂家の人たちは、何も知らない養子の男性に目隠しをして後ろ手に縛ると、そのままムカデを殺した畑まで連れていった。そこで男性を土下座させて、重箱に詰めた料理と酒と塩をお供えして謝罪した。

すると雨はいきなり止んで、男性の体の不調もみるみるうちによくなった。

最近も祖父が亡くなった時、庭に沢山のムカデが現れたが、オバアはニコニコしてこういったという。

「あい、先祖の皆さんがムカデに乗ってやってきたさ」と、彼らを親切にもてなした。「この中のどれがオジイかね？」

現在でも荻堂家のものは、ムカデを見ても決して殺さないという。

巣入加那志

大昔のことである。

巣入加那志《しーじんがなし》という名前の神様が、一匹の亀に乗り、大東島から出発して海を漂っていた。巣入加那志は自分が一生棲み続ける島を探していた。

ちょうどその時、一匹の大きな蝶が海の上をヒラヒラと飛んできた。

このような何もない海の上にいる蝶など見たことがなかった巣入加那志は、蝶を見て不思議に思った。そして蝶が近くまでやってくると、歌を詠《よ》むように語りかけた。

「とびたちゅるハベル、まじゅ待ち頼ま。わが育ち所、知らんあゆむ」(飛んでいる蝶よ、少しお願いがある。私の暮らすべきところを知らないか)

これを聞いた蝶は、今まで亀に乗った巣入加那志の周囲を飛び続けていたが、やがて西へ西へとゆっくりと飛び始めた。

巣入加那志は亀に、あの蝶を追うようにと伝えた。

巣入加那志と亀は、蝶のあとを追って、幾日も幾日も海上を漂った。

それから数日経ったある日のこと、蝶は小さな海岸のある小島へとヒラヒラと上陸していった。その島は草がぼうぼうと生い茂り、森は昼なお暗い鬱蒼とした感じの島だった。そこには人間は一人も住んでいなかった。亀も主人の後ろをゆっくりと進んでいったが、蝶はやがて島の中程にある小高いところへやってくると、そこの木にとまり、羽を休めた。あとからやってきた亀もそこで止まった。

「おお、ここがそうなのか」

巣入加那志はそれを見て大変喜んだという。

やがて巣入加那志は、この小さな小島こそが自分が未来永劫育つ場所であると確信し、木を切り倒し、草を刈り、一つの家を建てた。

その後巣入加那志は一緒にやってきた亀と、この島で仲良く暮らしたという。

この島こそ現在、南城市にある奥武島《おうじま》である。もしかしたら今も奥武島の小高いところで、巣入加那志は人々の平和を願いながら、亀と一緒に我々を見守っているのかもしれない。

ヤチャ坊

もともと奥武島は海の上の墓であった。現在ではうまいてんぷら屋のおかげで観光客にも有名になった奥武島であるが、県内で奥武という呼び方の場所は、ほとんどが墓場であった。

沖縄ではグソー、あるいはニライカナイ信仰というものがある。グソーとは霊界あるいは死後の世界のことを指し、ニライカナイというのは海の彼方、あるいは底にある神様の国のことを示す。そのためなのか、海の近い場所では、沖合いの小島に墓を作って、そこに船で渡ってお参りする風習が今も残っている。

南城市の奥武島は現在では橋で渡ることのできる小島だが、昔は船で渡るしかなかった。

その奥武島の真ん中あたりに、まさに奇岩と呼ぶにふさわしいものが林立する場所がある。住宅地の真ん中に聳《そび》え立つ岩々があるのだ。

昔、その岩の上には木が生えていたのだが、雷が落ちたせいで枯れてしまった。

南城市に住んでいた嘉手苅《かでかる》さんは、若い頃、友人数人と奥武島へ真夜中に肝試しにいったことがある。友人が車の免許を取ったばかりで、親の車を勝手に借りて、夜の街へと繰り出したのだ。

だが当時の沖縄にはコンビニもなく、夜になったら若者が遊びにいく施設もなかった。

どこへいこうか、という話になり、自然な流れで彼らは真夜中の奥武島へいくことにした。

当時の奥武島は現在のように明るく街灯が輝いているわけでもなく、ほとんど漆黒の闇で、そんな中車は海辺のところで停車した。

「この上にグスク（沖縄の城のこと）跡がある。そこまでいって帰ってこようぜ」

一人がそういったので、嘉手苅さんも後をついていくことにした。

海沿いからちょっとした山道を登っていくと、パラパラと民家が見えてきた。その中を懐中電灯で照らすと、尖った巨大な岩が乱立している一角に出た。

「へええ、こんな場所があったんだ」

嘉手苅さんはいきなりそそり立った岩を見て思わず呟いたという。

と、誰かが悲鳴を上げた。

「子どもやっし！」

見ると岩の上に、身長五十センチほどの子どもがちょこんと座っていた。すぐに岩の後ろに隠れてしまったが、真っ赤な服を着ているのがわかった。

岩の後ろで、子どもらしからぬ「ケケケケ」という妙な笑い声がした。

「帰ろう」

誰かがそういう間もなく、夜道を恐怖を感じながら引き返した。車まで戻るとすぐにエンジンを掛けて、猛スピードで車は橋を渡り、沖縄本島に戻った。

「あれって、本物の子どもだったのかなあ？」

一人がそんなことをポツリといった。

「キジムナーやっし」と誰かがいった。

一人だけ奄美の出身者がいて、彼は別の意見をいった。

「あれはヤチャ坊かもしれん」

「ヤチャ坊って？」

「うん、オジイの島（奄美群島のこと）に伝わる怖い子どもの伝説で、殺人鬼でもあるし、神様でもあるみたいな。夜に子どもが寝ないと『あんた、早く寝ないとヤチャ坊がくるよ』っていつも脅かされた。一度小さい頃に、深夜、家の外を見ていたら、さっきと同じものが横切った。きっとヤチャ坊に違いない」

それを聞いてみんなは怖くなり、さっさと家に帰ることにした。

ところが家の近所に戻り、煌々《こうこう》と明かりのついたスナックの前に車を停めたところ、一人が雑居ビルを見て悲鳴を上げた。

雑居ビルのスナックの看板の上に、真っ赤な子どもが抱きついた格好でぶらさがっていた。それも一体や二体ではない。それらは何体もいた。

驚いた彼らはそのまま車を走らせ、宜野湾にある普天間神宮の駐車場まで辿りついた。そこで朝まで震えながら過ごした。

結局、赤い子どもを見たのはそれが最初で最後であったという。

テダ御川

昭和の初期、沖縄はトラバーチンと呼ばれる石材がたくさん取れた。それは水に溶けている炭酸カルシウムという成分が沈殿して固まったもので、磨くと美しく、本土から大変重宝され、注文が殺到した。沖縄でも離島の小浜島《こはまじま》や瀬底島《せそこしま》でたくさん取れたので、一時期沖縄県は日本全国におけるトラバーチンの生産量一位を誇っていた。

だが神谷《かみや》さんというノロは、何か間違っているような気がしてならなかった。このままいい気になって自然を破壊し、石を切り出してばかりいると、きっと沖縄の神様の怒りを買うに違いない。

すると、石を切り出す場所が、とうとうウタキ（神様を拝む場所）でもある佐敷《さしき》の知名《チナー》城《グスク》まで迫ってきた。神谷ノロは、当時の役場の偉い人に会いに行って苦情をいった。

「えー、あんたよ。どうしてウタキを壊してまでトラバーチンを取ろうとするか。あそこは神様のおられる、神聖な場所であるわけさ。今すぐ採掘をやめなさい。やめなければ、えらいことが起こるよ」

だがいくら噛みついても、役場の人は神谷ノロの訴えにはまったく耳を貸さなかった。

やがて神谷ノロは、一人寂しく知名城の下にあるテダ御川《うっかー》までやってきた。琉球王朝時代から崇拝されてきた、水がこんこんと湧き出る美しい泉である。

「ああ、御川の神様。私には採掘を止めることはできなかったさ。本当にすみません。許してください」

すると突然、泉の中から三人の美しい女性が現れた。みな琉装を着て、見たこともないほど背が高く、美くしい女性であった。

彼らは何もいわず、ニコリともせず、ただ海の上をゆっくりと久高島のほうへと渡っていった。

それからしばらくしてテダ御川の泉は完全に枯れてしまった。

神谷ノロは、あれは絶対に神様で、きっと人間に愛想をつかして久高島に引っ越したのだと信じている。現在のテダ御川は、そこが泉であったと認識できないほどの状態となっている。

なおテダ御川で採掘されたトラバーチンの多くは、現在の国会議事堂の石材となった。あの建物の礎には、まさに聖域を壊して掘削された石材が使われているのである。

パイナーラの子どもたち

昔、パイナーラの島（雨の神が住む場所）から、二人の子どもが黒島《くろしま》（石垣島から南南西に十七キロ離れた場所にある小さな島）の海岸にやってきて、遊んでいた。

そこへたまたまヌバルミヤクという名前の男が散歩をしながら海岸にやってきた。

「君たちはどこの子どもなのかな？」とヌバルミヤクが聞いた。

「僕たちは住む場所がないから、あなたの家で養ってください」と子どもの一人が答えた。

それを聞いてヌバルミヤクは可哀想な子どもたちだと思い、神の島の子どもとは知らずに引き取ることにした。ヌバルミヤクには子どもがいなかったからである。

そして集落に連れていき、自分の子どもと同じくらい手厚く世話をした。

だが子どもたちは食べて遊んでばかりで、家の手伝いも何もしない。たまに畑に出ると、子どもたちは野に生えているススキを切って天に向かって放り投げた。すると驚いたことに大雨があたりに降り出した。二人の子どもがパイナーラの島からやってきていることを知らないヌバルミヤクには不思議で仕方がなかった。

だが二人の子どもがあまりにも長い間仕事も何もしないので、ある日ヌバルミヤクは、二人の子どもに家から出ていくように命じた。

「うちはとても貧乏で働かないとお前たちの食い扶持もかせげない。このまま何もしないのであれば、出ていって欲しい」

それを聞いて子どもたちは悲しんだが、ヌバルミヤクにこう話をした。

「私たちは神様の子どもです。パイナーラの島からやってきました。あなたが出ていけというなら出ていきますが、一応お世話にもなりました。なので、雨の降らない日のために、とても大切な呪文を教えてから出ていくことにします」

こうして二人の子どもは、ヌバルミヤクに大切な雨乞いのための方法を教えてから、家を出ていったという。

それ以来、ヌバルミヤクは黒島の雨乞いの始まりとして、語り継がれるようになった。

ガナシー

昔、那覇の泊《とまり》あたりに住んでいた嘉手納《かでな》恵《めぐみ》さんの体験である。

恵さんは近所の居酒屋で夜中まで働いていたため、帰宅するのはいつも深夜の三時ぐらいになった。

その日も泊から住んでいるアパートまで歩いて帰った。歩いて十五分ほどの距離である。やがて泊交差点の信号までやってきた時、道の向こう側に薄汚れた服装のオバアが立ち尽くしているのが見えた。しかも何か意味不明の言葉を大きな声で叫んでいる。

信号が青になるとそのオバアも横断歩道を渡ってこちらに歩いてきた。

「〇〇〇ガナシー！　ガナシー、オーイ！」

オバアは確かにそう叫んでいた。

「あ、このオバア、神ダーリしているに違いない」

恵さんは咄嗟《とっさ》にピンときた。

なぜならばガナシーというのは、琉球の神様を呼ぶ時の敬称であり、普通の人は深夜の交差点でその名前を叫んだりはしないからである。神ダーリとはユタなどの霊能者に神様が乗り移る状態のことで、めぐみさんは関わらないようにしようとさらに早足になった。

と、すれ違ってしばらくすると、後ろで小さく悲鳴が上がった。驚いて振り返ると、さきほどのオバアが倒れて、おでこから血を流しているのが見えた。

急いで駆け寄り、介抱する。

「大丈夫ですか？」と呼びかけて見るも、ただ痛い痛いと呻《うめ》くだけで、話にならない。そのうちに血も大量に出てきたので、恵さんは携帯で救急車を呼んだ。

と、救急車の到着を待っている間に、そのオバアは一度目を大きく開いて、はっきりした声で恵さんを凝視しながらこういった。

「あんた、恵ね？」

「はい？　確かにそうですが、お会いしたことありましたっけ？」

「カマドオバアがいつもついているよ、安心しなさい」

そういうと、オバアは再び目を瞑《つむ》り、苦しそうに呻きだした。

単なる偶然かもしれないが、その前の週に、恵さんの大好きだった祖母のカマドオバアが亡くなったばかりだった。この見知らぬオバアがそのことを知っているかといえば、不可能に近い。

それからすぐオバアは救急車に乗せられて運ばれていってしまったので、恵さんは一体このオバアが誰なのか、まったく知らずに終わってしまったという。

オボツカグラとギライカナイ　垂直の神と水平の神

沖縄には二種類の神がいるといわれている。それは簡単にいうと海の彼方の神と空の彼方の神である。

みなさんはニライカナイという言葉を聞いたことがあるかもしれない。これは最近では海の彼方にある理想郷、みたいな意味合いで使われることが多いが、これは最近のいい方であり、昔からのいい方でいえば、ギライカナイと発音するのが正しい。

これに対するもので、オボツカグラというものがある。『中山世鑑《ちゅうざんせいかん》』によれば、キンマモンという神様が沖縄の最高守護神なのであるが、このキンマモンにも二つの種類があるという。一つは天から下ってくるオボツカグラキンマモンという神様であり、もう一つは海から上がってくるギライカナイキンマモンという神様である。イメージでいうと、キンマモン兄弟みたいな感じだろうか。要するに垂直と水平の神様である。おっといい忘れたが、沖縄の最高守護神であるキンマモンは女性であるという説もある。

それがガサシ若チャラという男の話である。

十五世紀に久米島を支配した豪族、伊敷索按司《ちなはあじ》の息子で、登武那覇城《とんなはぐすく》を治めていた人物でガサシ若チャラという人物がいた。彼は絶世の美男子であったという。このガサシ若チャラの父親、伊敷索按司にキンマモンが謁見《えっけん》しにやってきたが、しかしキンマモンは決して伊敷索按司の方を振り向かず、ガサシ若チャラだけを見つめていたという。琉球の守護神を虜にしたガサシ若チャラとは果してどれだけ美男子だったのか知りたいところであるが、つまるところキンマモンもイケメンには弱かったようである。

まずオボツカグラの住んでいる場所は、天である。山の上の拝所などにまつられているものは、このオボツカグラであるといってもいいかもしれない。前に北部のノロ（神女）さんから聞いた話であるが、昔は何もないところに拝所を造る時に、天から神降ろしをしたという。どこからかと聞くと、宇宙中軸の神というものが存在し、そこから神を招くのだという。そしてその森などに降りてもらい、集落を守護してもらうという。話によってはまるで宇宙人を呼び寄せる話のようにも聞こえるのだが、本当に不思議な話である。

これに対してギライカナイキンマモンは「この神は海底を宮とする。毎月現れて神託があり、所々の拝林に遊び給う」（『琉球神道記《しんとうき》』）と書かれている。要するに龍宮の神といえばいいだろうか。沖縄の拝所には貝を神のよりしろとして扱う場所が多い。

たとえば伊計島《いけいじま》にある伊計グスクは、祠の中があふれんばかりの貝殻で満たされている。また各地にある龍宮神（リュウグウシン、ではなくて、リューグシンと読むのが正しい）は、海だけではなく、亜熱帯沖縄の人々にとっての命綱である水源地のそばに立てられることも多いが、これはその水源地が地下へと繋がることによって、海底へと繋がっているので、やはりギライカナイへと通じている。

このオボツカグラとギライカナイ、両者に通じるのは、強いていえば「水」なのではないだろうか。ギライカナイの果てには、絶えることのない水があり、オボツカグラからは、すべてを潤す恵みの雨が降る。

もしかしたらキンマモンは水の神なのかもしれない。それは植物の芽を出し、人々を潤す。天からも地からも、沖縄は水という神によって守られているという証明なのかもしれない。

拝む人

那覇のとあるバス停で、夕方になると夕陽に向かって拝む人がいた。

ちょうど夕方の帰宅する人が多い時間帯で、その人物は西に向かって手を合わせながら方言で何かを呟くのである。新城《しんじょう》さんはそんな彼を見て、おかしな人がいるなと思っていた。

仕事の休みの日曜日、同時刻にたまたま自分の運転する車でその場所を通りかかった新城さんは、やはりその男性がバス停の横に立って、一心不乱に何かを喋っているのを見た。

やがて一匹の野良犬がやってきて、その男性を見ると激しく吼《ほ》えたてた。

すると男性は犬に向かって何かいったが、新城さんの見ている前で忽然と姿を消してしまった。

「え、どういうこと？」

新城さんには理解ができなかった。バス停近くに車を停めて、思わずバス停まで走った。そこには犬も男性もいなかった。ただ見たことのないお札《ふだ》が一枚、アスファルトの上に貼り付けられていた。というか落ちていた。

それから男性はまったくバス停には現れなくなった。次の月曜日も、その次の週も。

お札はそのまま貼られてあったが、やがて二ヶ月もすると雨風にさらされて、跡形もなく消え去ってしまった。

今でも新城さんはこの出来事をうまく消化できないでいる。

村獅子

沖縄県南部の集落には昔から集落の守り神として村獅子が置かれてあった。その村獅子を五十年ぶりに復活させることになり、那覇市の有名な陶工の作ったシーサーが配置され、それはコンクリート製の祠で囲まれた。

ところがそれが置かれてから数週間後、区長が夜に見回りをしていると、妙な泣き声が聞こえてきた。それははっきりと村獅子から聞こえたという。区長は村獅子の祠の中に仔猫でも入っているのではないかと探したが、何もいなかった。

やはり村獅子が悲しそうに泣いているのである。

「これはどうしたことだろう?」

他の住民からも「夜中にシーサーが泣いている」という情報を聞いた彼らは、区民で会議を開いた。そこで、村獅子が泣いたのはあの場所が悪いせいだという結論になった。

「あの場所はやはりよくなかった。昔からあの一角は土地が悪いといって、みんな駐車場にもしたがらなかった」一人の住民がいった。

もともとその場所は悪い気が溜まるといわれているすり鉢状の土地のちょうど真ん中にあり、昔からユーリードゥクル（幽霊の出る場所）と呼ばれていた。そこに村獅子が配置される前は、「大東亜戦争戦没者慰霊碑」が建立されていた。しかし碑が古くなったので、それは村はずれに移転され、変わりに悪い気を祓ってくれるようにと願いを込めて村獅子が建立されたのだった。そこで住民は「大東亜戦争戦没者慰霊碑」を元に戻し、村獅子をその反対側の道向こうに設置しなおした。すると村獅子はもう泣かなくなったという。

「あの泣き声は、村獅子が泣いたのではなくて、多分ですけど、昔この集落から出た第二次世界大戦の死者が、俺たちのことを忘れるなんてけしからんといって、我々に教えてくれたことだと思うんです。だから悲しそうに泣きよったんですよ」

区長さんはそのように語ってくれた。

第二章

キジムナーはいるのか

あるいはキジムナーの親戚たちについて

最初に断っておこう。私はキジムナーなる妖怪変化を見たことは一度もない。だがキジムナーを見たという人には何人も会ったことがある。

キジムナーとは木の精のことである。その生息地は広範囲、また呼び方も多岐に渡っている。那覇あたりではキジムナーというが、その下の糸満あたりになるとギジムナーと呼ぶ。キジムンとも呼ぶし、まったく違う名前がついている場合がある。

アカカナジャー（伊平屋村）、ウンサーガナシー（伊是名村）などと呼ぶ地域もあり、セーマという凶悪なキジムナーの仲間も存在する。これは今帰仁村の羽地内海にあるヤガンナ島にいるキジムナーで、男性と女性がいる。ヤガンナ島は沖合いにある墓場しかない島で、そこを男性が訪れると女性のセーマが現れ、チーブク（乳房）を顔に押し付けて相手を窒息死させ、また女性が訪れたならば、男のセーマが現れ、タニ（男性器）を女性の口の中にいれて窒息死させるという。

いや、こんなの絶対に映像化不可能であろう。これは一番凶悪な例であるが、地域によってもその性質も名前も変化していくというのが、キジムナーの特徴かもしれない。

また大宜味《おおぎみ》村の喜如嘉《きじょか》あたりではブナガヤと呼ぶ。これは「髪を振り乱した」という意味の方言であるブナガトーンがなまったものだといわれている。

前に喜如嘉に取材にいった時に、前田さんというおじいさんと話したことがある。前田さんは小さい頃、実際にブナガヤを見たことがあり、詳細なスケッチも残している。

前田さんの見たブナガヤは四つんばいでシーサーのようでもあり、色は赤茶けていたという。那覇のキジムナーと若干違うのは、それが集落の守り神的な存在であるということだ。だから厳密にいえばブナガヤとキジムナーは違う妖怪なのかもしれない。だがここがあいまいなところで、喜如嘉の人はキジムナーとブナガヤを同一視しており、時折キジムナーと呼んだり、ブナガヤと呼んだりする。一応、喜如嘉のマスコットは赤ら髪のブナガヤになっており、姿かたちはキジムナーと変わりがない。

だからブナガヤとキジムナーは人間でいうところの親戚関係にあるのかもしれない。また喜如嘉の隣にある大宜味村田嘉里《たかざと》では、まったく違うファルファガという名前で呼ばれていたりする。

ここで一つ書き記したいことがあって、それは水木しげる先生のことである。

皆さんご存知のように、水木しげる先生といえば、日本中の妖怪を取材して、それらを丁寧にコミカライズして、ビジュアルとして私たちの目の前に広げてみせた、いわずと知れた日本の妖怪研究における大先達である。

その水木しげる先生が喜如嘉を訪れた際に、話を聞いたのが先述の前田さんというおじいさんであった。私は前田さんの案内で集落を見て回った時に、いろいろと水木しげる先生の話も伺った。きっとそれらの取材をもとに、水木しげる先生は沖縄の妖怪について絵を描かれたのだが、私が指摘したいのは、先生が描いたキジムナーの絵である。

見たことがある方もいるだろうが、その絵のキジムナーはまん丸で、まるで人間味のない形をしている。これはどうみてもキジムナーではない。

これはのちのち京極夏彦先生にも確認したのだが、どうやら水木しげる先生の間違いのようである。

まん丸で木に住む妖怪といえば、それはキーヌシーと呼ばれる存在である。それは文字通り「木の精《シー》」で、それはそれで立派な伝承がある。

文献によるとキーヌシーは古い大木などに自然に宿るもののようで、大宜味村の謝名《じゃな》城《ぐすく》に伝わっている話では、大木を伐《き》る際には必ずヤマヌウグヮン（山の御願）をするのだという。つまり山の神に許しを求めるのである。これをしないと木を伐った帰り道にハブにかまれて死んでしまったという話が残っている。

こういった障り（祟り）のことを謝名城ではキリキザワイ（伐り木障り）と呼んでいるが、これは沖縄に限らず、日本の昔話などでも歳を経た大木は神木と呼ばれ、それを伐り倒すものには必ず天罰が下るという話そのものである。

またキーヌシーは人が死ぬのも予告する。もし集落の近くで、真夜中に「コーン、コーン」という斧で木を倒す音が聞こえたり、バリバリという木が倒れる音がすると、一週間以内にその集落では死人が出るといわれている。キジムナーとキーヌシーの違いは、赤い色をしているか、または人の形に近いかどうかという点が分かれ目となるが、キーヌシーはもやもやとしたムンに近く、キジムナーはもっと擬人化しているというか、人の形をしているものが多い。

だから沖縄で伝えられているキジムナーの姿は、水木しげる先生の描いたそれとは、また少し違うのである。

本当のキジムナーの姿は、子どもくらいの背格好で、髪の毛は赤く、肌は赤茶色。髪の毛はボサボサで、ガジュマルやアコウなどの大木に棲み、魚の片目だけを食べるという。

また人間のオナラを嫌い、タコを投げつけられると激怒する。人間にはイタズラをしかけたり、金縛りにあわせたりする。あとヒーダマ（火の玉）になって移動するともいわれている。

またここで誤解を訂正したいのだが、人によってはキジムナーの語源をムジナであるという人がいる。キジムナーは本当はキムジナーであるとも書かれている文献があるが、これも間違いである。キジムナーとは方言でいうところの「木に棲むムン（もの。あるいは得体の知れない、モヤモヤしたもの）であり、ムジナとはまったく関係がない。

というところで、長年いいたかった誤解を解いたところで本題である。

キジムナーは果たしているのだろうか？

そしてまだ生き残っているのだろうか？

沖縄では妖怪のことをマジムンと呼ぶ。沖縄でのマジムンの代表格はもちろんキジムナーであるが、他にもいろんなマジムンがこのシマ（各集落の事を沖縄ではシマと呼ぶ）には存在している。

現在でもそれらはいるのだろうか？　それは伝説や昔話だけの話なのだろうか。

ヒンジャーキジムナー

糸数《いとかず》家の元家《むーとぅや》（その家系の仏壇が置いてある本家）の庭には、樹齢八十年ほどのガジュマルの木が生えている。もともとそこには樹齢百五十年ほどのガジュマルが生えていたらしいが、先の沖縄戦で消失して、そこから自然発生的に今のガジュマルが芽を出したという。

先代のガジュマルについては、風の噂にキジムナーが棲んでいたといい伝えられているが、戦後、糸数家の長女の和海《かずみ》さんによると、こんな逸話が残されている。

焼けたガジュマルの根元から新芽が伸び、あれよあれよという間に大きな木に生長した。

一九八八年のこと。和海さんの父親が毎晩うなされて、こんなことをいい出した。

「うちのキジムナーがよ、東京の明治神宮に行きたがっている。だから行かないといけない」

「なんで明治神宮に？　どうして神社に行かないといけないわけ？」

「和海、質問が多すぎる。お前も一緒に来い。旅費は出してやる」

いきなりそんなことをいわれて迷ってしまったが、和海さんは集落のムヌシリに相談した。すると驚いたことに、相手はこんなことをいった。

「ええ、さっさといってきなさい。このキジムナーは非常におかしな奴だよ。うちを守るけれども、没落もさせる。ヒンジャーワラバー（ヤンキーの子ども）だよ」

そんなことをいわれて、明治神宮詣でに和海さんも付き合うことになった。

飛行機に乗って東京へ行き、明治神宮に詣でてから、箱根の温泉に宿泊した。するとその宿で、和海さんは悪夢にうなされ、体調を壊してしまった。夢に変なキツネが現れて、和海さんの首を噛んだ。

なんだかキツネに憑かれたみたいだわ、と和海さんは思った。

身体がずっと重く、なんだか獣臭もする気がする。

父親は急に体調が悪くなった娘のことを心配したが、和海さんは「全然大丈夫だから」と気にしないよう、詳しい話は黙っていた。

さて、沖縄に帰ってきてからも和海さんの体調は一向によくならなかったが、一週間後の朝、目が覚めると急に楽になっていた。

その昼に父親が和海さんのもとにやってきて、こんな話をしたという。

「和海、お前体調悪かっただろう？　全部知っている。キジムナーがお前に悪いキツネがとり憑いているといった」

「キジムナーが祓ってくれたの？」と和海さんが聞いた。

「祓うんじゃなくて、食べたといっている」と父親がさらりとそんなことをいった。

「食べた？　キジムナーがキツネを食べたの？」

「まずかったといっているが、食べたといっているよ。もうすっかり平気だろう？」

確かに、それから前のような症状はまったく出なかった。

今でも和海さんはガジュマルの根元に子ども用のお菓子を置いたり、旧正月には家族で揃って酒をお供えしたりするという。

「キジムナーはいるかどうかですって？　ほら、そこにいますから」

そういって彼女は自分の家の庭に聳え立つ枝振りのいいガジュマルを指差して、微笑《ほほえ》んだ。

キジムン岩

座間味島と阿嘉島との間に、異様に突き出たキジムン岩《シー》と呼ばれる岩礁があった。戦前にはその周囲を、明るい火の玉が飛び交う様子が確認されており、座間味の人々はそれをキジムン火《ビー》と呼んでいた。

戦争前、軍による灯火管制が施行され、夜間は敵国に見つかってしまうために電灯も松明も使ってはいけない時代があった。そんな中で、宮平秀幸《みやひらひでゆき》さんと次良《じろう》オジーと秀三《しゅうぞう》おじさんの三人は、くり舟に乗り、暗闇の中、漁を行っていた。

キジムン岩にさしかかり、宮平さんが漁の準備をしていると、そこにノコッとキジムナーが現れたという。キジムナーは身長三十～三十五センチくらいで、裸の人形そっくりな姿をしていた。眼は丸く、瞳は縦に裂けており、全身から異様な青色や鮮明な緑の光を発していた。

宮平さんはびっくりして悲鳴を上げた。その声を聞いたオジイたちは、宮平さんが岩から転げ落ちたと思って、大声で名前を叫びながらやってきた。

「秀幸！　秀幸！」

オジイたちの声はすぐそばまで聞こえるのに、答えようにも声が出ない。身体がブルブルと震え、くり舟の縁《ふち》を捕まえながら動けなくなっていた。

そのうち宮平さんのもとに秀三おじさんがやってきて、同じくキジムナーを見た。

「もう心配するな」

そう秀三おじさんはいって宮平さんを抱きしめた。

「怪我はしていないか？」

そういいながら、秀三おじさんはキジムナーに対して自分の脚をパンパンと叩いて威嚇《いかく》しながら「シーッ、シーッ！」と叫んだが、それでもキジムナーは逃げようとしない。次にくり舟の櫂《かい》を持って、ガラガラと音を出して威嚇したが、逃げないので、今度は強く舟の底面を叩くと、パッと姿を消してしまった。

そのあと、向こうの岩場で火が点った。さらに五十メートルくらいの高所で赤や緑にヒーダマが輝いた。

あとでやってきた次良オジイがこんなことをいった。

「お前たちはキジムナーを驚かしただけだが、もしキジムナーに直接手を出していたら大変なことになっていた。みんな、大変なことになるんだ」

マブイをひんがす

カナオバアはその日、東村の畑の手入れをしていた。非常に暑い一日で、サンジジャー（午後三時の休憩時間）になると、思わず畑の横の枝振りのいいガジュマルの日陰に入って、アルバイトの連中と冷えたさんぴん茶を飲み、ラジオをつけて、それから軽く横になった。と、横になってしばらくすると、急にラジオとアルバイトの人たちの話し声が聞こえなくなった。

「うれー、何かねえ」

そういいながら目を開けると、そこには見たこともない、幼稚園児くらいの女の子が立っていた。

「あんた誰ね？」

そう尋ねると、女の子はニコリともせず、片手を伸ばしてオバアの胸を押した。

その瞬間、カナオバアの胸の中から何かがゴロンと転がり出ていくのがはっきりとわかった。

次にカナオバアが目を覚ますと、アルバイトの男性が心配そうに顔を覗き込んでいるところだった。

「オバアよ、大丈夫ね?」とその男性はいった。

「いや、違う」とオバアはいった。「さっき女の子がよ、あれはきっとキジムナーに違いないけれど、あれによ、マブイひんがされたさ」

マブイをひんがされたとは、魂を故意に落とされてしまったという意味である。

「どういうことか? オバアは夢の中でキジムナーが変身した女の子に、マブイをひんがされたって?」

「そうそう、チムワサワサ(胸のあたりに嫌な感じが)して、私は急に元気がなくなってしまったさー」

カナオバアは目が覚めると同時に顔色が悪くなり、立てなくなってしまった。

これは大変と、彼らは畑仕事はそっちのけで、先にカナオバアのマブイを込めることにした。

そこで畑の所有者が家の冷蔵庫にあったイラブチャー（魚の名前）一匹を持ってきて、ガジュマルの根元において、こんなことをいった。

「キジムナーさんよ、オバアのマブイがないと畑仕事ができない。だからこの魚で、マブイを元に戻してちょうだい」

そういって頭を垂れ、お祈りした。次の瞬間、野良猫がすごい勢いでサトウキビ畑の中から飛び出し、カナオバアの胸のあたりに衝突した。

すると不思議なことに、カナオバアはそれで元気になり、すっくと立ち上がることさえできた。

「はい、もう戻ったさ。はー、死ぬかと思った」

その畑では、月に二回ぐらい、キジムナーのいたずらでマブイを落とすものがいるという。

小湾のシチマジムン

小湾《こわん》という地域がある。浦添の西南部にあり、戦後アメリカ軍によってキャンプ・キンザー（米海兵隊の駐屯地）となり、現在は食糧倉庫やＦＭラジオ局の建物がある場所である。

よくその地域では、七月になるとシチマジムンが出たという。

シチマジムンはひどく目がキョロキョロしており、犬のように舌を出し、背は異様に高かった。

それは夕暮になると現れて、家に帰るのが遅れた子どもたちを押さえつけた。

あるいは、出会うものすべてを連れ去ってしまったという。捕まえられると、すぐさま高い天へと体ごと上げられてしまうが、次に上げる呪文のような言葉をいえば、運がよければ解放されたという。

「イヤーヤ、シチチ、ワンヤハチチ、リー、オーテンジュミ（お前は七だが、私は八だ。どうだ、それでも喧嘩するか？）」

　これを聞くと、シチマジムンは走って消え去った。

　またシチマジムンは一体何者で、どうして生まれたかについても興味深い説が『小湾字誌』には書いてある。

　シチマジムンはもともと、人間であったのではないかということである。拝む人がいたお墓にまつられていた死者が、何らかの理由で誰も拝まなくなって、シチマジムンに変化《へんげ》したという説や、暴力にあって殺された死者が化けて出たものという説、あるいはそういったものたちがより集まって、シチマジムンという一つの妖怪になったという説である。『小湾字誌』には、シチマジムンは集落を荒らしにくるとまで書かれているので、当時の人々にとってはかなり恐れられた存在であったようだ。

　シチマジムンの撃退方法は、シバサシ（ススキなどの茎を束ねたもの）という魔よけで追い返すか、ヒラゲー骨（豚の頭蓋骨）を縄にぶら下げて、それを舐めさせて追い返す方法があったようである。

キジムナーと結婚した男

その昔、渡嘉敷島の上殿内《いーどぅんち》に住む男が、ある女と結婚した。その妻は赤っぽい髪の毛と大きな瞳が特徴の、たいそうな美人だった。

この男と妻が初めて出会ったのは、夜中のこと。ナガジョーと呼ばれる森の中の、大きなアコウの木の下で知り合った。

妻は昼間はほとんど家におらず、夜になると家にやってきて、料理を作り、男に愛情を注いだ。

ある日、たまたま昼間帰ってきた男は、妻が出かけていくので後をつけてみることにした。

すると妻は、二人が出会ったナガジョーの森の中にある、アコウの木の根元の割れ目の中に消えてしまった。

「おお、なんということだ！　私の妻は人間ではなく、キジムナーだったのか！」

ショックを受けた男は、昼のうちにたいまつを持ってナガジョーの森に入り、妻が入っていったアコウの木を燃やしてしまった。

するとその夜やってきた妻は、非常に疲れた様子でこう告げた。

「私の実家が火事になってしまったので、行かなければなりません。牧港《まきみなと》にきたら、訪ねてきてください」

それっきり、妻はいずこともなく消えてしまった。

さてその後、男は那覇に行く用事があり、船に乗ったが、悪天候のため、船は那覇より北側の牧港に着いた。

そこですっかり昔のことなど忘れていた男は、ひまつぶしにと自分の自慢話を始めた。

「昔、結婚したと思っていた女がキジムナーでな、正体がわかるとすぐさまその木を燃やして、追い出してやったわ」

ところが、その悪天候を起こして船を牧港に寄港させたのは、アコウの木に住んでいたキジムナー本人であった。その話を陰で聞いていたキジムナーは、怒り心頭になった。

「自然火で焼けたと思っていたのに……この人が自分で火をつけたなんて」

その後、すぐに船は那覇港へと向かったが、たどり着く前にキジムナーの怒りにより燃えて、男も焼け死んでしまったという。これは渡嘉敷島に今も伝わる話だ。

タバコを吸う小人

ウスクガジュマルの古木には、幹に洞窟のような穴の空いたものがあるが、キジムナーはそこに棲んでいるという。

玉城《たまぐすく》村の當山《とうやま》集落の人がある日、川のそばを歩いていると、一寸法師のように小さいお爺さんが座ってタバコを吸っているのが見えた。

一緒に歩いていた人に「おい、変な奴がいる」と声をかけようとしたが、まったく声が出ない。立ちながら金縛りになってしまった。両足もぴくとも動かない。

次の日、親にそのことを伝えると、きっと近くに古木のウスクガジュマルがあるからだということになり、その木は伐り倒されてしまったという。

キジムナーダンガサグヮー

現在の南城市親慶原《おやけばる》にもこんな話がある。夜中、首里から西原《にしはら》に向けてお爺さんと歩いている途中、森の中にこんもりとしたものを見つけた。まるでキノコのような形をして、こうもり傘のようにも見えるそれは、「キジムナー蘭傘《だんがさ》グヮー」と呼ばれていた。蘭傘とは外国製の大きなこうもり傘のことである。キジムナー蘭傘グヮーが何なのかはまったくもって正体不明だが、それが現れると中からキジムナーが現れてくるという。

マージャー

また玉城村ではキジムナーのことをマージャーとも呼んだが、現在の向陽高校のあたりに、電灯よりも大きなマージャー火がピカピカと光っていた。川原を見たら、火がチラチラと見えて、一つが二つになり、三つになって、分散していった。昔はそのあたりに田んぼがあり、今日の分を終わらせようと、みんなで田植えをしていた時のことだったという。

ワーマジムン（豚の妖怪）

昔、石垣島の集落の人たちは、月明かりの夜など、新しく作った墓場に集まり、三線《さんしん》をかき鳴らし、唄を歌って夜明けまで楽しんでいた。

ある時、墓の上でみなが唄を歌っていると、一人の美しい女性がやってきて、風下に座って、微笑んだ。

見たことのない女性であったが、その類まれな美しさは集落の男性の注目を集めた。すぐさま彼女の周囲には若い男性たちが集まり、「どこの集落の出身なの？」だとか、「名前は？」といくつも質問をされた。

しかし女性は微笑むだけで、何も答えなかった。そして男性たちに両側を囲まれると、自分はいつも風下に移動して、決して男性の風上には座らなかった。そして夜が明ける前に、どこへともなく姿を消してしまった。

「あの美しい女性は一体どこから来るのだろう？」

そう思った一人の男性が、ある夜女性がやってきたので、彼女の履物を隠して、どうするか観察することにした。

女性は履物がないのを知ると、必死でそれを探したが、夜が明けるのを知ると、小走りに消えてしまった。

男は女性が履いていた履物を家に持って帰って玄関に置いた。

さて朝になって玄関を見ると、女性の履物の代わりに、豚の足に取り付ける蹄《ひづめ》が落ちていた。それは豚の臭いが染み付いており、男はあまりの獣臭に顔をしかめた。

「もしかして女はあの豚が化けたものだったのか？　だとすると、ずっと風下に座っていたのは、臭いがばれるのを防ぐためなのか？」

そこで男は近隣の集落に、蹄を失くした豚がいないかどうか、調べさせた。すると集落の外れで一匹の老いた雌豚が蹄を抜かれて、疲れ果てた様子で蝿にたかられて倒れこんでいた。その近くには、人間の使うお金も散らばっていた。

「こいつ、もしかして客を取っていやがったのか？」

それを見た男は思わず呟いた。

きっとこの雌豚は長く生きすぎたので、人間に化けるようになってしまったのだろう。それから年老いた雌豚は、あっけなく殺されてしまった。それから墓場には美女は現れなくなった。

マウス

ミチコさんが当時付き合っていたのは同じ会社の上司だった。

最初は匂いに対して異常に執着するのがわかったが、その時点では「少し変わった人だな」くらいにしか考えていなかった。

彼氏は家に大きな水槽を置いて、アロワナを飼っていた。ある日彼の家の冷蔵庫を開けると、中にピンク色の冷凍されたマウスが沢山詰め込まれていた。

「あ、それアロワナの餌だから」彼氏はそういった。

普通に食べる冷凍食品の横にあるのがとても嫌だったが、熱帯魚の餌なら仕方ないなとミチコさんは何となく見て見ぬ振りをすることにした。

それからしばらくして、彼氏の横で眠っていたミチコさんは、いきなり金縛りに襲われた。夜中の三時頃に突然目が覚めて、そのまま高周波のような耳鳴りがして、意識はあるのに肉体が動かなくなってしまった。

ふと気づくと、隣の彼氏が寝巻きのままモゾモゾと動いている。まるでヘビのように、身体をくねらせていた。ミチコさんは彼氏に助けを求めようとしたがまったく声が出ない。そのうち、リビングに置いてある水槽から、ジャボン、ジャボンという水の音が聞こえてきた。

その瞬間、ふいに金縛りが解けた。見るとアロワナの水槽の中から何かが這い出してくるところだった。

それは真っ黒い豚のようなずんぐりしたもので、水槽の中からいますぐ出たくてしぶきを上げながら悶えているように見えた。

ミチコさんは悲鳴を上げた。

隣で寝ている彼氏が、まるで獣のような声で呻きだした。

バチンという凄まじい音が部屋の中に鳴り響いた。水槽の中の豚のようなものは消えて、穏やかな普通のアロワナの水槽に変わった。

え、夢だったの？

彼氏は隣でスヤスヤと眠っている。

その夜は恐ろしくて一睡もできなかった。

それからミチコさんは、なぜか水槽の中のアロワナと彼氏のことが怖くてたまらなくなった。一緒にいると、なぜかずっと冷や汗をかいている自分に気がついた。

それが決定的になったのは、それからすぐのこと。

夜、買い物をしてから彼氏のアパートに戻ると、相手が何か食べている。

「あれ、食べるものがないっていうから買ってきたのに」ミチコさんは文句をいった。それから相手が食べているものを見て、心臓が止まりそうになったという。

「ねえ何を食べてるの？」

「ああ、これ意外とうまいんだよ」

冷凍のピンクマウスを頬張りながら、彼氏がいった。

口の中でクチャクチャという音を立てて、彼氏はスナック菓子のようにそれを食べていた。

「お前も食べるか？」

「嫌よ。身体を壊すわよ」

「大丈夫だよ。あいつが食えっていうからさ」

「あいつって?」

「アロワナだよ。お前も食べろって」

ミチコさんはその場に固まってしまい、言葉を失ってしまった。

アロワナ。何かがおかしい。ミチコさんはそう思った。

「ねえ、あのアロワナ処分して。私怖いの」

「できねえよ」と彼氏がいった。

「この前、夜中にうなされて、あの水槽に黒い豚みたいなのがいるのが見えたの。だから気色悪いからいますぐ処分して」

「できねえよ」と彼氏はもう一度いった。「お前、それを見たのか?」

「はっきり見たわ。あれ、怖いの。処分して」

「嫌だよ」

「なんで? 私と熱帯魚、どっちが大切なの?」

「アロワナ」と彼氏がいった。「迷わずアロワナ。ねえマウス食べないの?」

それを聞いて、ミチコさんは彼氏の家からわめきながら飛び出した。

今思い出すと、その邪悪なものはアロワナに憑いていたのではなくて、おそらく彼氏に取り憑いていたものだと思われた。それから彼氏とすぐ別れたが、その後の消息はまったくわからないという。

マア

昔、久米島に屋号ホータイヤー小《ぐゎー》という名前の家があった。その家の裏側にタカラのクムイと呼ばれる川が流れていたのだが、その川にはマアと呼ばれる恐ろしいマジムンが棲んでいたという。

マアは川の淵や深い場所にて、普段は水の底でじっとしているのだが、水面に子どもの姿が映ると、浅いところまでそっと浮かび上がり、その足をひっぱって溺死させた。

ある日、クシヌアサト（後ろの安里）と呼ばれていた家のオジイが、タカラのクムイで、生きているマアを生け捕りにすることに成功した。

マアは小さな子どもそっくりの姿をしていたが、激しく抵抗したため、クシヌアサトのオジイは頑丈な黒皮綱で何重にも縛り上げ、家の便所の後ろにある大きなフクギの根元にグルグル巻きにして結わえ付けた。

やがて何日もそのままさらされたので、マアも次第に干からびた芋蔓《いもづる》のような惨《みじ》めな姿になってしまった。マアは水中にいるマジムンだったため、水分がなくなると干からびて元気がなくなってしまうようであった。

そんなある日のこと、今度はクシヌアサトのオバアが、小便をしてから、屋久貝（夜光貝のこと）に水を汲んで綺麗に流していた。

するとフクギの根元に結わえ付けたマアが、クスクスと笑いながらオバアを馬鹿にした。

「ハーメー（オバア）が便所をしているところを見ちゃん（見たよ）！」

そういってから高らかに笑い出した。

腹の立ったオバアは、

「ぬーちゃいくぇーがー！（何いいやがる！）」

と、大声で怒りをあらわにした。

そういってから、ちょうど手元にあった屋久貝の残りの水を、マアに向かって乱暴に投げつけた。すると全身に水を被ったマアは、干からびた芋蔓のような姿から急に元気を取り戻した。全身元通りになったと思うや、そのままポキポキと黒皮綱を切断し、元気よくタカラのクムイに飛び込んで消えてしまったという。

第四章 坂道は異界

その他の怪異譚

沖縄にはいくつもの坂がある。方言で坂はビラなどと発音するのだが、そのほとんどの場所にマジムンや昔話的なものが伝わっているといっても過言ではない。昔の人々にとって坂道というのは一種の異界であり、道路整備もされていなかった時代、坂道というのはおそらく危険な場所だったに違いない。その中でも群を抜いて有名なのが、識名坂《しきなざか》に伝わる、いわゆる「シチナンダのイニンビ」であろう。

このイニンビ（遺念火＝要するにヒトダマ）の話は場所を変え人物を変え何度も沖縄昔話の世界に現れてくる。ストーリーは各地でだいたい同じなので、今回は識名坂の話を見ていくことにしよう。

ちなみに豆知識であるが、識名坂はよく方言でシチナンダビラと表記されたりするが、厳密にいうとこれは間違っている。もともとは「シチナヌフィラ（識名の坂）」が転じてシチナンダと発音されるようになったそうで、私も以前指摘されるまで知らなかった。なので識名坂の近くを通っても、ここの読者だけは「あれはシチナンダビラっていうんだよ」

などと知ったかぶりして発言して欲しくないものである。その意味は「識名坂坂」である。老婆心までに。

さて本筋の物語であるが、識名坂の上の方に仲の良い夫婦がいた。美しい妻は真和志《まわし》の市場まで豆腐を売りに出かけていたが、夜になっても帰ってこない。心配した夫が坂を下って迎えにいくと、妻は士族の男性に手ごめにされて下の金城橋から身を投げたという。それを知った夫も後を追って金城橋から身を投げて死んでしまった（ある民話だと手ごめにした男性もそこで殺されて川に投げ捨てられたというヴァージョンもある）。

今でこそ金城橋とその下を流れる川は小学生でも溺れないほどの水かさしかないが、昔は違った。とにかく、そこで死んでしまった夫婦は、毎晩坂の途中でイニンビ（遺念火）として現れ、からみあい、お互いを求め合ったという、なんとも悲痛な話である。

少し前に識名に住んでいるお年寄りから話を聞いたが、戦前までは毎日のようにイニンビが見られたという。現在では町が明るくなったせいか、目撃談も絶えて久しい。その方の話によると、イニンビというのは闇夜にかすかに光るものだそうで、おそらく蛍光灯の光に消されてしまっているのかもしれない。

もしかすると現在もお互いを求めてからみあうシチナンダのイニンビは、毎晩その場所に現れているのかもしれない。おそらくイニンビ自体が消えてしまったのではない。きっと我々の文明が遺念火の明るさを追い越してしまったからなのだろう。もしかしたら今でも目を凝らせば、イニンビがそこを飛び交っているのが見えるのかもしれない。

また場所は変わって北部の羽地《はねじ》の源河《げんか》には、こんな話がある。

とある仲のよいカップルがいた。女性は彼氏が自分のことを心から愛しているものと思っていたが、実は男性はそうではなかった。男性は別の若い女と浮気をしていたのだ。それを偶然坂道の途中で見てしまった女性は、ショックのあまりその坂で自害してしまった。後日、そのことを知った彼氏は同じようにショックを受け女性の遺体の上で後追い自殺をしてしまったのだ。

二人の遺体はそのまま坂の途中に放置された。当時、坂道の途中にある死体を片付けるのは、非常に危険だったのだろう。あるいは男性の浮気ということに対しての村八分的な見せしめの意味もあったのかもしれない。とにかく二人の遺体は埋葬されずに野ざらしになっていた。

しかし坂道を通りかかる村人は、二人の遺体のことが気になって仕方がない。そこでせめてもの供養にと、通りかかるたびに二人の死体の上に小枝を置いていくのが習慣となった。

村人が小枝を置いて二人の恥を蔽《おお》った、という意味から恥蔽坂《ハジウスイビラ》と呼ばれるようになった場所だが、そこにもはやり遺念火が出た。まあこの場合、出るのは当然というか、なんだか気持ちがわかる。女性は男性を心から愛しているが故の自殺、そして男性は彼女の心を裏切ったことに対する懺悔《ざんげ》の気持ちで自害したのだろう。いわばすれ違いの愛である。すれ違った二人が死後も遺念火として再びすれ違っている、という、かなわぬ愛という点が、庶民に愛されて長く語り継がれる理由なのかもしれない。

だがこの話で面白いのは、坂の途中で野ざらしになった二人の遺体に小枝を置くという行為が、いつのまにか山道で迷わないようにとお守りの役目を果たすようになったことである。電気もまだない大昔、坂道で野ざらしになった男女の悲痛な遺体が、逆に夜道での安全を守ってくれるような崇拝の対象に変化するなど、果たして自害したそのカップルは想像したであろうか。

だいたい遺念火というのは、恨みや後悔があるのでグソー（あの世）にいけない魂が地上をさまよう姿なのである。それが坂と結びついているのは、その場所が危険であることのしるしなのかもしれない。そして坂を越えた場所というのは、村落を越えたボーダーラインの向こう側、つまり一種の異界であったのだろう。

今でこそ坂道は整備され、街灯も点き、闇は駆逐されつつある。しかし昔は違ったのだ。坂道で転んだだけで死ぬ危険も多かったし、襲われる危険もあっただろう。そのようなことを考えながら坂道を上ると、昔の人の視点に一歩ずつ近づけるのかもしれない。

ここまで紹介してきた沖縄の坂に出るマジムン、あるいはユーリーの特徴をまとめると、こうなる。

その1　必ず男女の色恋の話が絡んでくる。

その2　殺されたあと、必ず遺念火（ヒトダマ）となり、坂の途中に現れる。

だが、次に紹介するクシリー、クシリー、および謝苅坂《じゃーがるびら》の遺念火の話は、そのどちらにも当てはまらない。舞台が坂というだけで共通点はないのだが、それでも沖縄のマジムンやユーリーを語る上では外せない重要な話である。

まずクシリー、クシリーとはこんな悲しい話である。

クシリー、クシリー

現在の北中城村《きたなかぐすくそん》の渡口《とぐち》交差点から、そのまま上に上がっていき仲順《ちゅんじゅん》あたりまで続く坂があるが、その坂は昔「バーケー坂」と呼ばれていた。バーケーとはもちろん化け物のバーケーのことである。

廃藩置県の頃、薩摩《さつま》から琉球の国へ官吏として派遣されてきた本土の役人がいた。役人には小さな赤子がいて、それを子守りするために一人の女が雇われていた。ところがこの女は仕事よりも彼氏と会うことを優先するような女だった。

ある夜、女は役人から子守りを頼まれたが、その日は渡口から坂を上った場所にいた彼氏と会う約束をしていた。断りきれなかった女は、わざわざ子どもを連れて彼氏の家へやってきた。

だがしかし、ここに問題があった。その彼氏とやらは、子どもが大嫌いなのである。女は苦肉の策として、赤子を坂の途中にある井戸にくくりつけてしまった。そして彼氏の家に何食わぬ顔で遊びに行ってしまったのである。

ところが、井戸に赤子をくくりつけるなどしたら、赤子は大泣きするものである。当然その泣き声は周囲の人々の耳にも届いた。それで「誰がこんなことをしたのだ」ということになり、どうやら赤子の素性を知っているものがその場にいたようで、すぐに父親である役人が呼ばれた。父親は自分の大切な赤子にそんなことをした女に大激怒。その場で女を全裸にして、しかもワーサー（家畜の屠殺人）を呼んで、坂の途中で滅多切りにして殺してしまったという。

それ以来、この坂では「クシリー、クシリー」（着せて、着せて）と、女性の怨念をかぶった虫たちが、坂の途中で鳴くようになったという。

伝承によっては、「幽霊がクシリー、クシリーと毎晩鳴くようになった」みたいな閉じ方をするものなどいろいろあるのだが、このお話で興味深いのは、恋人と愛し合っていて成就しないので自害して遺念火になってしまった、という今まで紹介した坂道の遺念火伝承とは違い、女が殺されたシチュエーションに妙なリアリティや具体性があり、明らかにこれは殺された女に非があったのではないかと感じてしまうことである。自分の子どもを夜道の井戸に長時間くくりつけられたら、そりゃ、誰だって怒るでしょってな話である。現代なら訴訟か児童虐待で逮捕されるぐらいの案件だ。

現在でもなかなか交通量の多いこの坂道に、実はこんな伝承が語り継がれていたのだと、通る際にぜひとも心に留めておいていただきたい。クシリー、クシリーは、まだきっと坂道のどこかにいて、着る物を探している途中なのだから。

謝苅坂の遺念火

現在の国道58号線と県道24号線の交わる北谷町謝苅《じゃーがる》の交差点を北中城方面に行くと、急勾配の坂道となる。昔はここを謝苅坂《じゃーがるびら》と呼んでいた。

年代は定かではないが、琉球王府時代のこと。その頃「酒法度」と称し、一般の人々が自由にお酒を作ることを琉球王府が禁止していた時代があった。

だが自由にお酒が飲みたい何人かの人たちが、当時の法律に背いて、個人で勝手にお酒を醸造していた。

サツマイモを主原料に麹《こうじ》を作り、サトウキビの汁などを加えて「モロミ」を作り、醸造されたそれらは芋酒と呼ばれていた。謝苅坂の近くの集落でも密造酒が盛んに造られていた。

だがある日のこと、王府の役人を名乗るものが急に集落に現れた。

「なんだお前ら、王府の命令に背いて勝手に酒を作っているのか。死罪に値するぞ!」

この役人は怒鳴り散らしながら、集落でお酒を作っている人たちを脅かし始めた。

「だがな、私とて人の子である。情けは持っているのだ。もしどうしても酒を作りたいならば、金品をよこせ。それで王府には黙っておいてやる」

密造酒を作っている集落の人々は、自分たちにも悪い面があるのをわかっていたので、この役人のいう言葉に従って、しぶしぶ金品を渡していた。役人は忘れたころに現れては、同じことを繰り返した。

ところがある日のことである。

この役人の正体がばれてしまった。それはまったくのニセモノで、役人の振りをして金品をまきあげるだけの、ただの詐欺師であったことが判明した。

それを知らずにニセ役人はある日、いつものように横柄な態度で集落にやってきた。ところが正体をばらされて逃げ出した。

怒りが頂点に達した数人がどこまでも追いかけ、謝苅坂のところでついにニセ役人を追い詰めて殺害してしまったという。

それ以来、謝苅坂にはこのニセ役人の遺念火（ヒトダマ）が夜な夜な現れるようになった。

キガズン

宮古島の島尻《しまじり》集落の話である。

武島さんという男性がある夜、子ども二人を連れてイダス（イザリ漁のこと。松明の火に集まってくる魚を捕る方法）の帰り、道を歩いていると、暗闇の中、前方で誰かが焚き火をしているのが見えた。

こんな時間におかしいなと思って近寄ると、なぜか裸でびしょ濡れの夫婦二人と子ども二人が焚き火の前に座っているのが見えた。

「お父さん、誰か焚き火をしているね」と息子がいったが、武島さんにはすぐに誰だかわかった。

つい前日、死因不明で海で亡くなったキガズン（宮古方言《ミャークフツ》で変死者のこと）の親子だった。

ここで彼らに関わったらタマス（魂）を取られてしまう。そう思った武島さんは子どもたちをかばいながら、静かにキガズンの横を通り、そのままますぐに突き進もうとした。

ところがそれに気づいた子どもがいった。

「お父さん、まっすぐ行ったら、そこはすぐ海だよ。引き返さないといけないよ」

「そんなことはないだろう。道はまっすぐ行ったら家に戻れる。海は逆方向だ」

「違うよお父さん、キガズンに惑わされているよ。しっかりして」

真夜中のことでもあり、武島さんは次第に自分たちがどの位置にいるのか、わからなくなってしまった。そこで武島さんたちは、そのあたりの地理に詳しい息子の記憶を頼りに、今来た道を逆戻りすることにした。

するといつのまにか、見慣れた浜岩が見えてきた。方向はあっていたのだ。しばらくして、自分たちの家のある島尻集落に戻ることができたという。

すぐにユアキドリ（夜明けを告げる鳥）の声が聞こえ、時刻は午前三時過ぎの夜明け前であった。夜中に裸で焚き火に当たっているものは、海で死んで迷っているタマスであり、他人を同じような運命に合わせるといわれている。決して近寄ってはいけない。

永遠の遠足

北部に有名な滝がある。そこへ通じる川は、昔から大雨で氾濫することが知られている。復帰前のこと。その日は若干天気が悪かったが、保育園の先生は、心配ないとたかをくくっていた。その日、園児と同行の先生たちは、おんぼろの軍払い下げのスクールバスに乗り、一路北部へと向かった。

彼らは途中でバスを降り、ピクニック気分で川を上っていった。上流の滝まではかなりあるので、そこは最初から目的地ではなく、川原で自然と触れ合うのが目的だった。

彼らは途中の開けた川原で水遊びを始めた。と、しばらくすると空模様が微妙な感じになってきた。小雨が肌の上に落ちてきたかと思うと、それは一気に激しさを増し、あっという間に豪雨になった。

園児たちの周囲をすぐに濁流が囲んだ。彼らは悲鳴を上げたがもう遅かった。

その事故で何人もの園児と先生が水に流されて亡くなってしまった。

北部の役場に勤める兼次《かねし》さんは、よくこんな話を聞く。

雨の降りそうな曇り空の日には、川岸を上流へと歩いていく引率の先生と園児たちの姿が見られるという。その姿は直視するとぼやけて見えなくなり、少し焦点をずらすと視界の中に再び現れる。

園児たちの顔はみなうつむいて、陰気な表情を浮かべているという。

「何度も慰霊をしたはずなんですけどね」と兼次さんはいう。「神主さんにも、ユタさんにもやってもらったんですが、効果ないというか、あんまり効かないみたいですね。だから彼らは、ずっとピクニックを続けているわけです。誰がそれを止められるのかわかりません」

その場所は現在でも時折大雨の日に人が亡くなる事件が相次いでいる。

ツヌビッタ

宮古島の島尻集落にはその昔、一人の絶世の美女がいた。美女のことをミヤークフツ（宮古方言）でアバラギミドンというのだが、とある他の集落の男性がそのアバラギミドンを慕って、なんと三年三ヶ月も通い続けたという。

だが気弱な男性は声をかけることができず、戸の隙間などから、そのアバラギミドンを眺めて、ただため息をつくしかできなかった。

それからしばらくしたある日、島尻集落の外れにある一本松に差し掛かった頃、なんとあの恋焦がれたアバラギミドンが一人で立っていた。

男は腰が抜けるほどびっくりしたが、ようやくのことでこう聞いた。

「どうしてそこにいらっしゃるのですか？」

するとアバラギミドンはこんなことをいった。

「あなたは雨の日も風の日も、私を見に遠いところから通って下さったでしょう。私は知っていましたよ。それだから、あなたのことをここでずっと待っていたのです」

それを聞いて男性は感激し、相手をぎゅっと抱きしめた。

するとアバラギミドンの身体は驚くほどに冷たい。まるで凍っているかのような冷たさだった。

「……どうしてこんなに冷たいのですか？」

「さきほどまで冷たい海で泳いでいたからです。多分、そのせいでしょう……」

それから二人は一本松の木の下で、夜通し愛し合ったという。


さて朝になった。男性がうとうとしながらハッとして気づくと、アバラギミドンの姿がない。

男性は三年三ヶ月も恋焦がれた女性を必死で探し回ったが、忽然と男の前から姿を消してしまった。探している途中で、集落の人がたまたま通りかかったので、聞いてみた。

「ああ、あんたがいっているそのアバラギミドンなら、三日前に亡くなったよ」

「いや、そんなはずがない」

「なんでそんなことというか？　私は先日葬式にも参加したよ」

それを聞いて、男性はまるで船のへさきが突然へし折れたかのような衝撃を感じ、驚きのあまりそのまま死んでしまった。

それ以来、その一本松の場所のことを、船のへさきが折れるほど驚いたので、ツヌビッタ（へさきが折れる）と呼んだという。

＊ちなみにツヌビッタという言葉には、性的に不能になる、という意味もあるという（宮古島に詳しい砂川健さん談）。

暗幕の女

沖縄県内のとあるライブハウスの話である。

当時バンドでベースギターを弾いていた金城さんは、そのライブハウスの楽屋が、なんとなく薄気味悪く感じていた。楽屋は非常に狭く、五名入るだけで一杯になり、楽器を置いたら足の踏み場もなかった。

そんな楽屋の中で、いつも気になるのが壁際に設置された洋服掛けだった。壁をくり抜いた空間にハンガーを掛ける鉄パイプを通しただけだったが、金城さんはなぜか近寄るのも嫌だった。

そんなある日のこと、たまたまそのライブハウスに出演することが決まり、夕方の四時くらいに小屋入りしたという。

するとと他のメンバーはまだ来ていない。金城さんはベースギターを置いて、なんとなく洋服掛けの反対側の壁にもたれて座った。

うん？　あれは何だろう？

見ると、洋服掛けのスペースの下に、黒い布の塊が無造作に置いてある。パッと見た感じ、どうも舞台で使用する暗幕のようだった。

ただでさえ狭い楽屋なのに、暗幕まで置かれたら、バンドマンの居場所がなくなるじゃないか。オーナーに文句をいってやろうと、金城さんは身を起こした。

するとその時、暗幕だと思っていたものがシャラシャラと音を立てながら膨《ふく》れ上がった。次の瞬間、にゅっと中から真っ白い女性の腕が何本もまるで蜘蛛の脚のように現れた。そして暗幕の中で充血した赤い目の若い女の生首がこちらを振り向き、金城さんの方を睨《にら》みつけた。

金城さんは悲鳴を上げて尻餅をついてしまった。

尻餅をつきながら見ると、まだ女の生首は金城さんのほうをきつく睨みつけていたが、ようやく寝返りを打つように反対側を向き、布の中に隠れてしまった。

金城さんはすぐさま部屋を出て、そのままオーナーを連れて戻ってきたが、女の姿はすでに暗幕の中にはなかったという。

「お祓いしとくよ」とオーナーは気乗りしなさそうにそう告げた。

その後、お祓いが行われたかどうかは定かではないが、金城さんは二度とそのライブハウスにいかなかったので、よくわからないという。

カラオケ

昭和五十年頃に名護市で青春時代を過ごした仲本さんの話である。

ある年のシーミー（清明祭）のこと。毎年沖縄中の親戚が集まり、今帰仁城近くの墓でシーミーが行われるのだが、その年は十八歳の仲本さんにとっては何かが違う初夏であった。というのも親戚の仲のよかったヒロシにーにー（兄もしくは目上の若い男性に対する敬称）がその二ヶ月前に、本土でバイク事故で亡くなっていて、それから初めてのシーミーだったからだ。

昼過ぎあたりに本格的にシーミーが始まったのだが、仲本さんはやはりヒロシにーにーの姿を追い求めている自分に気がついた。

食事も終わると、みんなでカラオケを歌うことになった。沖縄では墓場で食事を取ったり、このように歌ったりすることがよくある。生者も死者も含めての清明祭なのである。

そこで当時としては最先端の百曲入りの8トラックカセットが持ち込まれ、何人もの親戚が陽気な声で演歌を歌った。

しばらくして一人の親戚が歌い終わると、マイクが置かれてしばし休憩になった。だが次の瞬間、突然カラオケが大きな音量で当時大ヒットしていた沢田研二さんの「勝手にしやがれ」を流し始めた。

「ああ、これは死んだヒロシにーにーが大好きな曲だ！」

仲本さんは咄嗟にそう思った。昨年、この曲のシングルレコードをヒロシにーにーから郵便で送ってもらったばかりだった。

すぐに何人かの親戚が立ち上がり、熱唱し始めた。もちろん仲本さんもマイクを譲ってもらい歌い始めたが、まるでその場にヒロシにーにーがいるみたいな盛り上がり方をした。

夕方になりシーミーも終わり、ぼちぼちと後片付けが始まった。仲本さんは最先端の8トラックカセットテープを何気なく眺めていたのだが、あることに気がついた。

手元にある8トラックのカラオケテープは基本演歌を百曲収録したものであり、どこをどう探しても沢田研二さんの名前も曲も入っていなかった。

それを曽祖父に伝えると、彼も何度もカセットを見返し、やがてこういったという。

「それでもさっき、みんなで歌ったさ。お前もヒロシのことを思い出しただろ。でもこういう不思議なことは必ず起こる。それはずっと覚えていなさい。今日はシーミーだからよ」

今でも沢田研二という名前を聞くと、ヒロシにーにーのことと、その出来事を鮮明に思い出すという。

沖縄のお父さん

これは現在ブラジルにお住まいの上地《うえち》勝《まさる》さんのお話である。

上地さんは那覇市で生まれたが、父の弟には長い間子どもがいなかった。そこで幼い上地さんが弟の養子になることが決まり、一人ブラジルへ移住することとなった。

その後、上地さんは何度も沖縄へ帰ってきて、実父の家族とも親しく交流し、結婚して幸せな家庭をブラジルで築くことができた。そして双子のかわいい娘たちにも恵まれた。

その後、沖縄の実父もブラジルに訪ねてきて、とても幸福な時間を過ごすことができた。

それから約一年後のことである。上地さんのもとに、実父が亡くなったと訃報が届いた。

上地さんはお葬式に出席してあげたかったが、どうしても日本へ帰ることが難しかった。

そんな折、二歳になった娘の一人が、家の階段を指差して、嬉しそうにこういった。

「じぃじぃ、じぃじぃ」

そこは単なる二階へ続く階段で、もちろん誰もいない。もしかして、と思った上地さんは、ブラジルにいるおじいさんの写真を見せたが、娘は違うという。そこで亡くなった沖縄の実父の写真を見せると、ポルトガル語で「Ｅｓｔｅ（これ！）！」と叫んだという。

その後、二〇一二年に上地一家は揃って日本へ行き、実父のお墓参りをした。そこで勝さんの実のお姉さんからこんな話を聞かされた。

「実はね、勝が沖縄に帰ってくる前に、知り合いのユタさんに見てもらったわけ。そしたらさ、死んだお父さんの魂は、今ブラジルに行っているから、もう少ししたら戻るって。そんなことをいっていたさ」

この話を聞いて、ユタと話した時期を聞いたところ、娘が階段を指差して「じぃじぃ」といった時と重なった。

実父はきっと私たち家族に会いにきてくれたのだ。父は今でも私たち家族を見守ってくれているのだと、上地さんは今更ながらに仏壇に手を合わせて、感謝を伝えたという。

リリー・マルレーン

現在は浦添市にお住まいの下地《しもじ》さんは、三十年ほど前は東京に住んで、水中カメラマンの仕事をしていたことがある。

下地さんは仕事で世界中の海を渡り歩いていたのだが、ギリシャのクレタ島近くの海に潜って、海中に沈んだ船や遺跡の映像を撮影していた時のことである。

当時、下地さんにはバウティスタさんというヨーロッパ人の相棒カメラマンがいた。その朝、彼らは朝五時に港を出て、朝焼けの海や、第二次世界大戦で沈没した商船の撮影などを行った。

やがて陽も暮れかかり、その日最後のダイビングになった。すると潜りながら、下地さんはいきなり耳鳴りがするのを感じた。やがて耳鳴りに混じって、妙なメロディが聞こえてきたという。

女性の歌声で、はっきりドイツ語だとわかった。だが前に聞いたことがあるようだったが思い出せない。

水深二十メートルほどの海底であった。当時は水中で交信できるような無線機もなく、海中で音楽が聞こえてくるのは奇妙だった。

幻聴だろうか？　怖くなった下地さんは、バウティスタさんに合図をしてから浮上した。すると後から浮上してきたバウティスタさんも青白い顔をして船に戻ってきた。

「潜水病かと思ったが、歌声が聞こえてきたんだよ」

潜水病とはダイビング中に酸素濃度が薄くなり、幻覚を見たり、幻聴を聴いたりすることがある症状である。下地さんがそう伝えると、バウティスタさんも歯をガタガタと震わせながらこう答えた。

「俺も聴いた。あれはリリー・マルレーンだよ」

それは第二次世界大戦中にドイツでヒットした曲の題名だった。

それを聞いた船長がぼそっとこんなことをいったのだという。

「昔ここでドイツ軍の潜水艦がたくさん沈んだんだ。彼らはまだ底にいて、その曲が大好きなんだよ」

その経験から、下地さんは海外の海で潜れなくなってしまったという。

那覇—屋慶名線

何年も昔の話であるが、石原さんという人が友達数人と沖縄市の泡瀬橋《あわせばし》の近くで遊んでいた。だが遊びに夢中になっている間に、いつのまにか深夜遅くになってしまった。もうバスもないし、タクシーも走っていない。というか、いつのまにか付近からは人の気配さえ消えてなくなっていた。

「どうするか?」と石原さんがいった。「家までは遠いな」

「ここで朝まで寝たらバスがくるかもな」と一人がいった。

彼らがそんな会話をしているところに、なぜか一台のバスがやってきた。かなりの速度でやってきて、いきなり石原さんの目の前で急停車した。

いきなりバスのドアが開き、驚いた顔の運転手が顔を覗かせた。

「お前たち、こんなところで一体何してる?」

「遊んでたら、最終バスに乗り遅れちゃって」

「これは那覇―屋慶名《やけな》線だけれど、君たちどこまでいくのか？」

「泡瀬の○○まで」

「それならば私が連れていってあげよう。さあ早く乗りなさい」

それを聞いて石原さんたちは喜んでバスに乗った。それにしてもこんな遅い時間にどうしてこのバスはこんな道を走っているのだろう。ふと疑問も湧いたが、とりあえずこれで家に帰れると思い、彼らは座席のシートにくつろいで座っていた。車内には誰もおらず、がらんとしていた。

ところが、バスに乗ったはいいが、見る見る目的地の泡瀬を通り過ぎ、そのまま最終地点の屋慶名までノンストップでバスは停まることがなかった。

「あのう、私たちの家はここじゃありませんが」と一人が文句をいうと、運転手はこう答えた。

「いや、あんなところに戻れないよ。あなたたちが乗ったあのあたりはユーリードゥクル（幽霊の出る場所）だからさ。今日一晩、この場所で寝なさい。明日私が始発のバスだったら、乗せていってあげるから」

「そんな無茶な……」

しかしバスはそこが終点だったのでどうしようもない。まったくおかしな運転手だなと思いつつも、石原さんたちは仕方なくそのバス停で降りて、ベンチに寝そべって一晩を過ごした。

「変な運転手だったな」と石原さんはひとりごちた。


それから何年も経ったある日のこと。

石原さんは幼馴染の一人に街中でたまたま出会った。その友人は泡瀬から屋慶名へと引っ越した人物であった。そこで昔話に花が咲いたのだが、彼から唐突にこんな話を振られた。

「なあ、昔泡瀬橋で遊んでいた時、変なバスの運転手に屋慶名まで連れていかれたの覚えてるか？」

「忘れるもんか」と石原さんがいった。「なんか変な感じの運転手だったな。とりあえず家まで連れてはくれたけど。次の日にさ」

相手は石原さんの話に相槌を打ちながらも、なぜか神妙な面持ちになった。

「実はこちらに引っ越してから、あの運転手とまた出会う機会があって、教えてくれたんだけどさ。実はあの運転手、泡瀬橋の近くを普通に走っていると、普通は一本道なのに、なぜかいくつも知らない道が分岐しているのが見えて、大変怖かったそうなんだ。道に迷いそうになったんで、恐怖を感じていた時に、たまたまあそこにいた俺たちを見つけたんだって。人が沢山いればここから脱出できるかもしれないと思い、停車して我々を乗せてくれたそうだよ」

友達はそんな話をしてくれた。

もしあの時バスに乗らなければ、石原さんたちは一体どこに行ってしまったのだろうか？

コザのアパート

照屋《てるや》さんは三十歳の時に那覇からコザに引っ越した。仕事の関係であった。コザ十字路から少し中に入ったアパートで、築三十年ほどの物件だった。照屋さんの部屋は外階段を上った三階で、家賃が安く仕事場に歩いていけたので即決した。

部屋は畳の六畳が二間で、男が一人で暮らすにはまったく問題がなかった。

やがて引っ越してから三週間ほどした頃から、夜中に妙な物音で目が覚めるようになった。家鳴りともまた違う、何か子どもが忍び足で歩くような、そんな重たい音がするのである。

ある朝目覚めると、ソファーの上に買った覚えのないクマのぬいぐるみがちょこんと置いてあった。

「こんなの買った覚えないいやっし」照屋さんは冗談っぽくいったが、内心酷く怯えていた。

あるいは自分が酔っ払ってどこかから持ってきたものだろうか？

「そうに違いないやっさ。多分勘違い、そうに決まってる」

自分ではまったく記憶がなかったがそう思うことにして、次の日のゴミ袋に入れて一階の電柱横に出しておいた。仕事から帰ってくるとゴミ袋は回収されてもうなかった。

その夜に再び真夜中に物音で目が覚めた。今夜はなぜか音が大きい。はっきりと子どもの足音だとわかった。びっくりして飛び起きて、部屋の電気をつけた。

ソファーの上にまた同じぬいぐるみがちょこんと置いてあった。

「わーっ！」今度こそ照屋さんは悲鳴を上げた。

「なんでいるばよ？」照屋さんは思わずぬいぐるみに声をかけた。

理性はそこでいろいろな可能性をはじきだした。これはもしかしたら、今朝ゴミに出したと思ったのは実は勘違いで、また知らないうちに持ってきたのかもしれない。あるいはこの部屋の鍵を持っている大家か母親のいたずらだとも考えられる。あるいは屋根裏に誰かいるのかもしれない。そう思って照屋さんは屋根裏や台所の収納下などを探したが、もちろん誰もいない。

ううん、これは多分勘違いに違いない。

そうは思ったが、ぬいぐるみは怖くて触ることができなかった。

その次の日である。今度は家に帰ると、ドアの前に古びたゾウさんのぬいぐるみが置いてあった。怖くなった照屋さんはすぐに妹に電話をかけた。

「あのよ、姪っ子がうちに来たりしてないか聞いてほしい」

「なんで？　そんな遠い場所にいかないでしょ。どうしてね？」

そこで家の中の様子が何か変だという話をした。

「あのさー兄ちゃんよ、一度ユタに見てもらったら？」

「ユタだと？　ううんううん、絶対頼まん。俺、ああいうの絶対NGだからよ。気色悪い」

「でも兄ちゃんの部屋の様子こそ気色悪いさ」

「だからよ。俺は一体どうするべき？」

「知らん」

そういって妹は電話を切った。

その夜寝ていると、照屋さんははっきりと見てしまった。何か人の気配がするので、寝返りをうつ振りをして、照屋さんはソファーの方を向いた。

ソファーに女の子が座っている。色は暗かったのでわからないがワンピースを着て、髪の毛はおかっぱ。多分五歳ぐらいだろう。そのまま知らない振りをして再び目を瞑ったが、もう一度目をあけると誰もいなかった。

その日から心の中に「自分は五歳の死んだ女の子と同居している」という意識が芽生え始めた。引っ越そうと思ったがすぐには無理そうだし、今のところこちらには危害を加えてこないので、しばらく静観しようと思った。

その日の夜、久しぶりに近くのボーリング場にいって、ＵＦＯキャッチャーで遊んだ。合計四つぐらいしかぬいぐるみを取れなかったが、とりあえずそれを持って帰ってソファーの上に置いた。

「これで遊んで。おじさんには手を出さないように」

その夜は物音一つしなかった。目覚めるとぬいぐるみはそのままソファーの上にあった。どうやらこれが気に入ったようだと、照屋さんはその夜はコンビニで子ども用のお菓子を買ってソファーに置いた。

それからしばらくは物音はたまにしたが、これといって変わったことはなかった。

「これが共栄共存ってやつやっさ」と照屋さんはいった。そんな折、職場の会社で残業しながら社長と専務が事故物件について話しているのを聞いた。

「コザにもいっぱいあるみたいさね」と社長が事故物件のサイトを見ながらいった。

「そういえば照屋くん、君の部屋ってこの近くだよね」

「はい、○○の三丁目です」

「炎が立ってるやっさ」と社長がいった。「このあたりかね?」

そういわれて社長のパソコンにいくと、画面上の自分の家のまさにその場所に事故物件を示す炎が立っていた。

「まさかや!」と照屋さんは叫んだが、まさに自分のマンションの三階だった。

「十年ぐらい前に幼い子どもが虐待で死亡したっていう噂らしいよ」と社長がいった。「まさにこの部屋か?」

「そうですよ。まさにここです」

それを知って、照屋さんは恐ろしいというよりも、なぜか深い悲しみが襲ってきた。

「あの子……」

なんだかモニターを見ながら涙が出てきた。

虐待されて殺されたのか。

きっとぬいぐるみも買ってもらえなかったんだろうな。

ああ、何てことだろう。

その夜から照屋さんの態度がガラリと変わってしまった。

コンビニで沖縄そばの大きいほうとカップサイズの小さいものを買うと、家に帰ってそれを二つお湯を注いで作り、卓袱台《ちゃぶだい》の上に並べた。

「お前のこと、今日ネットで見たよ。よかったら食べな。これ、お前の分だから」

そういって照屋さんは沖縄そばを啜った。若干その日のスープは味が薄かったような気がした。

それからしばらくは夜中も楽に寝ることができて、仕事も順調だった。

ある時、本土の取引先の会社にお礼も兼ねて、視察旅行に出ることになった。三泊四日で照屋さんは他の従業員らと共に東京へ向かった。

東京では取引先の会社を訪問したり、神社などを回ってから、最後に箱根にいって温泉につかることになった。

その日、仲間と温泉に入ってから酒を飲まされ、部屋に戻ったのは夜の十二時を回っていた。照屋さんはそのまま敷かれた布団に倒れこんだ。

すると明け方の四時くらい、なぜか急に目が覚めてしまった。

見ると薄明かりの部屋の中に誰かいる。真っ白な着物を着た髪の長い女性の後姿が、部屋の床の間の前あたりに佇んでいた。その瞬間、照屋さんは金縛りにあった。声も出せず、ただ恐怖に怯えた目で女を見つめた。誰か助けてくれ！　大声を上げたかったがそれもできない。

と、どこからともなく足音が聞こえた。子どもの歩いてくる音だ。

ああ、お前助けてくれ！　おじちゃんを助けてくれ！

すると視界の中で五歳の子どもが現れて、髪の長い女性の裾を引っ張ると、どこかへ連れていった。次の瞬間目が覚めた。

夢だったが、妙にリアリティのある夢だった。

「助かった……」目が覚めた照屋さんはいった。「ありがとう、ありがとう」

しかしそれから朝まで一睡もできなかった。

こうして視察旅行も終えて、照屋さんたちは沖縄に無事帰ってきた。

その次の週である。夜中にトイレに起きると、話し声がした。

子どもと誰かが喋っているような声だったが、小さくてよく聞こえない。しかし部屋の向こう側でずっと喋っているようで、それが耳にこびりついて離れない。

「ごめん、うるさいよ。眠れないから静かにして」

そうお願いすると、話し声はピタッと止まった。しかし照屋さんはそれから目が冴えて眠れなかった。仕方なく起きて何か食べることにした。

台所でコンビニのおにぎりを食べていると、ソファーの方から声がした。

「そう……」

まるで相槌を打つような大人の女性の声だった。凍りついた照屋さんはそのままソファーまでいったが、誰もいない。しかしその反対側に置いてある消えた黒いテレビ画面を見た時、身体中を戦慄が走った。

ソファーに白い着物を着た女性と子どもが、ちょこんと座っている姿が映っていた。びっくりしてソファーを見たが、肉眼では何もいなかった。もう一度テレビを見ると、そこにはいつものソファーしか映っていなかった。

「おいおい、まさかや。お前、イナグ（女性）を連れて来たってか？」

照屋さんは頭を抱えてしまった。

それからその部屋には、白い着物を着た女性も出るようになったそうである。

それから三ヶ月後のある日、照屋さんは名護支社に転勤命令が出た。コザから名護は少し遠かったので、仕方なく引っ越しすることにした。

「そのまま、そこに住んでも俺的には全然大丈夫だったんですけど」と照屋さんはいう。「でもまあ距離が遠かったんで、そしてすぐにアパートも決まったんで、そのまま引越しました」

引っ越しする前の日、照屋さんはバナナケーキを一ホール買ってきて、それを卓袱台の上に置いた。

「さあお前たちともこれでお別れやっさ」と照屋さんはいった。「これ全部お前たちのものだからよ。食べな。おじさんは名護に引っ越すことになった。ぬいぐるみは屋根裏に隠しておくから、遊びなさい」

その頃にはUFOキャッチャーで捕ったぬいぐるみは三十個を超えていた。その夜照屋さんはそれを全部屋根裏に隠した。

こうして照屋さんはそのアパートから引っ越しをした。引っ越しが終わった後、照屋さんは部屋に向かって深々と一礼した。

「俺にできることはやったよ。元気でな」

それから二年後のことである。照屋さんはその日、何となくＳＮＳを眺めていた。するとおかしな写真を一枚見つけた。その説明文にはこう書いてあった。

「引っ越した家の中で変な物音がするので。業者にネズミかと思って屋根裏を見てもらったら、三十個以上のぬいぐるみが屋根裏に置かれてあった。なんじゃこりゃ？」

そこにはもちろん、照屋さんが置いてきたぬいぐるみが所狭しと並んだ屋根裏が映っていた。

投稿者は「夜中に人の足音とかするんですけど～こわい」と書いていた。

「まだ物音がするってことは、あの子たちはまだそこにいるんでしょうね」と照屋さんは語った。

白い影

安冨祖明菜《あふそあきな》さんの父朝信《ちょうしん》さんは、引退して年金生活を送っていたが、その年の夏に脳梗塞で倒れてしまった。妻である明子《あきこ》さんが亡くなって二年目の夏だった。無事退院はしたが、右半身に麻痺が残ってしまい、明菜さんはそれから父と同居するために実家へ戻ってきた。

父は引退した今でも七時に起きてご飯を食べ、それから寝巻きからワイシャツに着替えて、居間でテレビを見るのが習慣だった。しかしご飯も作れなければシャツのボタンも一人で留めることができない。そこで毎日、明菜さんは父の面倒を見ることにした。

脳梗塞になって、父は時折記憶が怪しくなることがあった。はっきりと妻が二年前に亡くなったのも知っているはずであったが、時折こんなことをいうのだ。

「明菜、さっき母さんが帰ってきたけど、どこにいるね」

「えっ、母さんは二年前に死んだよ。忘れちゃだめだよ、そんな重要なこと」

「ああ、そうだったかな。じゃああれは誰だった？」

「きっと私よ。朝に郵便受けを見るために外に出たから」

「ああ、そうかあ」

　そんな会話を何度も交わした。だがあまりにも頻繁にそんなことが続くので、耐えかねた明菜さんは医者に相談した。すると医者は、老人性痴呆症が進行している可能性もあるので、無下に否定するよりも話を合わせてあげたほうがいいですよとアドバイスをくれた。

　実父の痴呆症が進んでいるということに対してかなりショックではあったが、人の老いていく道を受け入れなければならないと医者にいわれて、それからちょくちょく話を合わせることにした。

「さっきまでいた母さんはどこにいったのかな」

「母さんなら買い物に出かけるって」

「そうかそうか……」

　これで相手はたいがい落ち着いた。相手を困らせるより、嘘でもいいから理解をしてあげることが重要なのだと明菜さんは気づいた。

それからしばらくして、朝起きると父が台所で茶碗を洗っていた。ピシッとシャツを着ている。

「あれお父さん、私洗うのに」

「いやいつも面倒かけるのもなんだからな。それに今日は朝から母さんが来ていろいろと手伝ってくれたんだ」

ふと見ると、シャツのボタンが上から下まで完璧に留めてある。昨日までボタンをつまむのさえできなかったはずなのに。

「ねえ父さん、そのボタン……」

「ああこれか。朝、母さんが留めてくれたんだ」

「母さん……?」

「そうだよ。これから時間のある時はやってくれるそうだ」

母さんが?　そんな馬鹿な。

しかし目の前の父のシャツは完璧なまでにボタンが留められている。明菜さんはこれは、一時的に何らかの理由で回復した父が自分でやったのだと結論づけた。それ以外に説明のしようがないではないか。

次の日は部屋にいくと、シャツの着替えはまだだった。

「今日は母さんは来れないそうだ」

「そうなんだ。わかった」と明菜さんは答えた。

それから一週間後、父は再び完璧にシャツを着て居間でテレビを見ていた。

「今日も母さんが着替えを手伝ってくれた」

「そうね。よかったね」

それから何日か経ったある日の朝、明菜さんが父の部屋にいくと、父は洋服ダンスの前にいて、ちょうどシャツのボタンを留め終えたところだった。

「ああ、明菜か。母さんがやってくれた」と父がいった。

「そうなの」

と明菜さんは答えたが、部屋の中に何か白い煙のようなものが立ち込めていた。

「父さんここでタバコ吸った？」

「いや、病気をしてからタバコなど一本たりとも吸ったことはない」

「じゃあこの煙は何なの？」

「煙？　知らんなあ。なあ母さん、煙ってわかるか？」

そういって父はもやもやした煙に向かって話しかけた。

「母さんも知らないって」

「これが母さん？」

明菜さんはびっくりして煙を見つめた。

「お前何をいっているんだ。母さん、明菜に話してあげなさい」

するとおかしなことにその煙は隣の部屋に通じる襖《ふすま》の隙間に吸い込まれていって、消えてしまった。その瞬間、明菜さんは背筋にうすら寒いものを感じた。

何か心の中にもやもやしたものを感じた明菜さんは、その日のうちに母の妹である美智子さんに電話をした。

「叔母さんゴメンね。ちょっと相談なんだけど、父が何かおかしくて」

「明菜さん、どうしたの？」

そこで明菜さんはボタンの件や、父の周囲に立ち込めた不思議な煙などについて、美智子さんに相談した。

「あれね、もしかしたら明子が、死んでから安冨祖朝信を助けるために、帰ってきたのかねえ」

叔母さんはそんなことをいった。

「あれはやはり母さんなの？」

「そうかもしれないね。明子は朝信のことを愛していたんじゃないかねえ」

それを聞いて明菜さんはさっそく仏間へいって、母の遺影に向かって話しかけた。

「母さん。たまに父さんを助けてくれているの？　だとしたらありがたいし凄いことなんだけど……」そこまでいって言葉を切った。何か心の中にしっくりこないものがある。

「あれって本当に母さん？　それとも違うの？」

答えはなかった。遺影の母は微笑むだけだ。

「ねえ答えてよ、母さん」

涙が出てきた。世の中わからないことが多すぎて、明菜さんの理解が追いつかなかった。

母はあくまでも沈黙していた。今まで死んだ人と話をすることなどできなかったし、お化けさえ見たことがない。夢に母が出てきたこともなければ、若い頃心霊スポットと呼ばれる場所に友人といっても、寒気さえ感じなかった。

「きっと死んだら全部なくなっちゃうのよね」仏壇の前で明菜さんは独り言のように呟いた。「ごめんね母さん。変なことばかりいって」

そして仏間から出ていこうとした。するとなぜか背後で鐘の音が小さく「チーン」と鳴るのが聞こえた。それから間髪入れずに次の音が「チーン」となり、やがては連続したベルの音のように「チーンチーンチーンチーン」と鳴り続けた。

「やっぱり母さんなのね？」と明菜さんは涙を流して喜んだ。「ありがとう母さん！　愛してるわよ」

やがて鐘の音は誰かが止めたかのように急に鳴らなくなった。

明菜さんは笑顔を浮かべながら泣きじゃくって、その部屋を出た。

死んだ母さんが父のために帰ってきてくれた！

そう考えるだけで、明菜さんの心は喜びに包まれた。介護のことなどすっかり忘れることができた。父にはもしかしたら本当に母さんが見えているのかもしれない。そんな風にも考えられた。

次の朝、父が「母さんは新聞取りにいったのかな」といったので、すぐさまこう答えた。

「母さん、帰ってきたのね」

「当たり前じゃないか。お前変なことをいうなあ」

「今度母さんが居間に下りてきたら、話があるから大声で私を呼んでね」

「わかった」

父がそう答えた二時間後、洗濯物を干していると明菜さんを呼ぶ声がした。彼女はその場を放って急いで家の中に戻った。

「父さんどうしたの？」

「ほら、母さんは冷蔵庫の前にいる。お前話があるんだろう？」

そういわれて、ドキドキしながら急いで台所へいった。

するとそこには人の形をした煙が渦を巻いていた。

「え、母さん……？」

そのまま煙は床の上に沈んで消えてしまった。

いや、何か違う気がする。

何だろう、この胸の中にある嫌な感じは。寒気もするし、吐き気のようなものも感じる。

「母さん？」

そう呼びかけてみたが、やはり答えはなかった。

それから父が亡くなったのは、脳梗塞になってから一年半後のことだった。そこで明菜さんは、父について別の親戚から変な話を聞いた。

父には生前愛人がいたらしい。愛人のために家も買い、時折そこに宿泊さえしていた。妻の明子さんは心を痛め、おそらくそれがもとで肺炎になり、帰らぬ人となったのだ。

愛人の女性はそれから半年後に首を吊って死んだという。愛人には親族もおらず、墓には入れてもらえず、結局無縁仏として供養されたという。

その話を聞いた時、明菜さんは心の中にひっかかるものを感じた。

やはり、あれは母じゃなかった。母はそんな父を嫌っていたのだ。

時折ボタンを留めに来たのは、母ではなくてあの女に違いない。明菜さんには確信のようなものがあった。同じ女性としてのカンというか、本能のようなものだ。

「きっと仏壇で鳴った鐘は、私の問が正解という意味ではなくて、父に対する母の怒りだったのかもしれない」

そんな父も母も愛人さえも、すべての人が通る道を通って鬼籍に入ってしまった。もうすべては想像するしかない。しかし明菜さんはもはや確信のようなものを抱いていた。

女とは恐ろしいものなのである。

それだけは、若い彼女にもわかる、唯一の答えだった。

第五章

イチジャマ

あるいはイチジャマアの戦慄

ウチナーグチで生霊のことをイチジャマと呼ぶ。これは他にもいい方があって、例えばイキジャマやイキマブイともいうし、イチジャマを飛ばす人間のことをイチジャマアと語尾を延ばして呼んだりする。またイチジャマアの住む家のことをイチジャマヤシキともいい、イチジャマアの性質は代々遺伝するという。

W・P・リーブラ『沖縄の宗教と社会構造』によると、男性のイチジャマアの場合は父から息子へ、女性の場合は、母親から娘に継承される。習慣として、このような家族とは集落のものたちは縁組したがらないといい、またイチジャマアの多くは女性が多いとも書かれている。

またイチジャマアの力を無力化する方法も書かれているのだが、それはイチジャマを飛ばされているいわば被害者が、イチジャマアの身を汚して、超自然から見放されるようにすれば、その力は消える。

ある被害者女性がイチジャマアをお茶に招待して、そのお茶の中に人糞を入れて飲ませたところ、その威力は減退したという。

いやはや、人糞である。しかしこれが効果があるという。私の伝え聞いたところによると、時折イチジャマは実体化するといわれている。家に帰って台所にイチジャマの実体化したモノがいた場合、同じように人糞の混じったお茶を出すと、相手は霧散するという。

もしあなたが誰かの家に招待されて、出されたお茶が異様に苦かった場合、もしかしたら相手はあなたのことを生霊飛ばしだと疑っているかもしれない。気をつけたほうがいい。

またこんな話が『沖縄県史第22巻民俗1』（一九七二年）に載っている。

Tという人物の妻の話である。彼女がまだ十三歳の頃、咳をしながらたまたまイチジャマヤシキの前を通った。すると中にいたイチジャマの女に見つかり、何かを飛ばされたのかひどい頭痛がしたという。アンキングヮ（脈を取る人＝民間療法の使い手）を呼んでウシヌキウガン（押しのけるお願い）をしたところ、治癒したという。

この話から読み解けるのは、おそらくイチジャマを飛ばしている人は、本人にも自覚があったのだろうということ。そしてそれは集落中に知れ渡り、いわば禁忌《きんき》の場所、人物となり、避けられていたのである。現代的な考えからすると一種の差別に見えてしまうが、彼らはイチジャマの恐ろしさを信じるからこそ、そういう思いを抱いていたのであろうし、また逆にそれを利用しようとする人たちもいたわけである。つまりはイチジャマアに金を払って、誰かを呪い殺すということである。

年代のわかっている記録だけでも沢山残っている。

一六七六年に、八重山の女性が別の女性を生霊を使って相手を殺させたという妖術告発があった。評定所（当時の裁判所）はこのイチジャマアの女性を死刑に処している。

別の記録では、一六八七年にまたしても八重山の記録であるが、ある女が放火し、さらに別のイチジャマアの女に頼んで生霊を用いて殺害をした容疑で、引き回しの上死罪となった。生霊を用いた女も同様に死罪となった。

引き回しの上死罪となるともはや重罪犯である。また谷川健一さんのまとめられた『南島の村落』には、宮城真治さんの論文「山原――神と村と人」が載っているが、そこにはイチジャマアは土人形の腹を刺して、嫌いな相手の腹を痛めさせられる能力があるとはっきり書かれている。いわゆる呪いの人形である。

現代の話として、琉球人形や藁人形なども使われると聞いた。

え？　そういったイチジャマの力を、沖縄の人はまだ信じているのかって？
それは沖縄の人だけではない。本土の人も信じている。
こういう話を聞いたことがある。

呼び出した魔

瑞慶山《ずけやま》さんはある日失恋した。二十二歳の時だった。

大学の同級生に恋をしていたが、付き合って半年で彼女が浮気をしていることが発覚した。ひどくショックを受け、一週間寝込んでしまった。しかも相手は高校時代からの友達で、一緒にボーリングに行ったり、海に行ったりした友達であった。

毎日、怒りと悲しみしか湧いてこなかった。殺してやりたいとさえ思った。彼女も浮気相手も、そして自分自身さえこの世から抹消してやりたかった。彼女に対しては容赦のない怒りが湧いてきたが、自分に対しては恋人を寝取られた情けない男としか思えなかった。

ゼミを休んだある日のこと。瑞慶山さんはどうにも怒りが収まらず、大学ノートに彼女と浮気相手の友達の名前を延々と書き始めた。そしてなんとなく心に浮かんだ五芒星をその下に書いた。

すると心の中にラテン語のような呪文も浮かんできた。

それをミミズがのたくったような字で大学ノートに書き込んだ。

「サタン、サタン、我を救いたまえ。我を裏切ったあの女と浮気相手を、死に至らしたまえ！」

オカルト映画で見たようなことを口走り、そしてボールペンで何度も何度も五芒星を突き刺した。

するといきなりショートしたような雷光が部屋の中を走った。びっくりして部屋の中を見ると、アパートの壁に二メートルくらいの直径の炎の輪が現れた。炎は音もなく白光を上げながら、やがてその炎が大きくなっていった。

炎の中心に新たな炎が現れ、人の顔の輪郭のような形に燃え始めた。

瑞慶山さんは悲鳴を上げて大学ノートを炎の輪に向かって放り投げた。

すると一瞬で炎は消え、元のアパートの部屋に戻った。

「すいませんすいません」

何度も何度も瑞慶山さんは声を震わせて、そう謝った。

それから、なぜか毎日不安になり、自分はとんでもないことをしたのではないかと悩むようになった。もしかしたら、あれはこの世に召還されて、すでにとんでもないことになっているのではないかと、不安に押しつぶされそうになった。

大学卒業の少し前、気晴らしに友達数人がプールに誘ってくれた。すると、遠くの方に瑞慶山さんの前の彼女と浮気相手が仲良くデートしているのが見えた。それを見て、瑞慶山さんはもう一度怒りと悲しみの感情が湧いてくるのを感じた。

「あいつら、死ねばいい」と口に出した。

すると目の前で、浮気相手の男性だけがプールの縁ですべった。それからコンクリートに激しく頭をぶつけた。彼はそのままマネキン人形のようにプールの中に落下した。すぐさま黒っぽいものがプールの中に溢《あふ》れ出した。血であった。

やがて救急車が来て運ばれたが、打ち所が悪かったのか、右半身に麻痺が残ることになった。それが原因なのか、彼らは大学卒業と同時に別れてしまい、その後消息もわからない。

瑞慶山さんはそれからずっと待っているという。

人を呪わば穴二つというではないか。きっと私にもその呪いの半分はやってくる。因果応報というか、浮気相手が半身麻痺になってしまったのは、自分の飛ばした呪いのせいであると、今でも瑞慶山さんは思い続けている。

「ところが、なかなかそれが来なくてね」と瑞慶山さんはいう。今年で大学を卒業してすでに三十年も経過してしまった。

現在、彼は罪滅ぼしのために、アルコール依存症のＮＰＯ団体を立ち上げ、精力的に活動している。

ある時、彼はこう考えたそうである。

もしかしたらすべては偶然なのかもしれない。五芒星は単なる幻覚で、プールサイドで彼が転んだのも偶然。

しかしそう考えると、何かしっくりこない。

やはり俺は何らかの呪いを召還してしまったのだろうか。

五十歳を越えた頃、瑞慶山さんは車を運転中、妙な看板を見かけた。

「家庭はんだん。三千円」

そう書かれていた。

家庭判断？その看板に妙に興味を引かれた。

そこは洋服の寸法直しの店であった。しかし「洋裁店」の看板の下に、手書きのペンキで「家庭はんだん」と書いた板が貼ってあった。

そういえば、家庭はんだんって、ユタのことだよなあ、とぼんやり思い出した。瑞慶山さんは近くのコンビニに車を停め、その寸法直しの店に入っていった。

「すいません、家庭はんだんって何ですか?」

彼は店にいた七十歳くらいのオバアに聞いてみた。

「あい、あんた、見て欲しいのかねえ」とオバアがいった。

「見れるんですか? 洋服じゃないですよ」

「あい、とりあえず、座りなさい。ダーダー(さあさあ)」

オバアに促されるまま、とりあえず瑞慶山さんは椅子に座った。

どうしたのかと相手が尋ねるので、思いつくまま、彼は喋った。学生時代に失恋したこと、ノートに呪いの言葉と五芒星を描いたこと。そして浮気相手の彼氏がプールサイドで大怪我を負ってしまったことなどを語り始めた。全部を喋り終わると、家庭はんだんのオバアは瑞慶山さんの顔をじっと見つめ、こんなことをいった。

「あんたの考えていることは全部妄想。偶然だよ。そんなに思いつめることはないさあ。あんたみたいな平凡な人が、どうして他人を呪い殺せるかねえ」

「いわれて見ればそうです」

「大丈夫。あんたは誰も殺していない」

「はい、安心しました」

「その顔は途中で消えただろ？」

「え、どうしてわかるんですか？」

「あれはあんたの前世に関係してる。あれはあんたを守る存在だよ。形は猫と犬を一緒にしたようなものだね。火花を上げて回っている。さっきもいったが、あんたには人を殺せる力はこれっぽっちもない。でもこれは違う。血を求めてる。かなり凶暴だね」

「一体どうすれば？」

「それと友達になりなさい」とオバアがいった。

　そんなことをいわれて、瑞慶山さんは家庭はんだんの店から出た。

「わからないんです。俺頭悪いですから」と彼はいう。「未だに友達になる意味がわからない。しかもあれから俺の周りの人間がよく怪我をするんです。死にはしないんですけど、みんな怪我をして、血を流すんです。その度に何かが喜んでいるような、そんなゾッとす

という。

残念ながら「家庭はんだん」をしていたオバアは、それからすぐに亡くなってしまった
その後、憎しみをずっと抱いていた職場の上司も急病で倒れて退職した。

妹の家族から「隣に引っ越してきた人が、酔っ払って怒鳴り込んでくることがある」という話を聞いてから、隣は火事になり、すぐに引っ越していった。

果たしてこれは偶然なのだろうか。

「よくわからないんですけど、とりあえず毎日穏やかに過ごすようにしていますよ。友達になれとかいわれても、私には相手の存在がまったくわからないので無理ですよね。とりあえず、怒らないように、憎しみを抱かないようにしていますが、いつまで耐えられるか。そういえば最近はテレビも見ないんです。政治家を見ていると無性に腹が立って、殺してやりたいとか思うんです。いつかこの矛先がそちらに向かわないか心配です」

瑞慶山さんはそう語った。

スクブン

ある時、私はひょんなことから大城カマさんとその家族と知り合いになった。

大城カマさんはイチジャマ使いであった。話を聞くと、それは先祖代々に遡《さかのぼ》るという。古くは首里に王府があった時代にまで遡る。そのあたりの記録は定かではないが、大城さんの先祖は王族に使えるノロの家系のものだったらしい。ノロとは琉球の祭祀を司る女性公務員のようなもので、宗教による統一をめざした指導者たちが、ノロの頂点である聞得大君《きこえおおきみ》から任命させ、各地に配置したものたちである。彼らの多くはたまたま任命されてノロになったのだが、中にはもとから霊力のあるものたちが任命されて、さらに力のある、いわば霊的指導者になったという話もある。

昔、琉球国は北山《ほくざん》、中山《ちゅうざん》、南山《なんざん》の三つに分割されていた。そんな時代にも、戦う男性たちの背後で、イチジャマ使いの女性たちがそれぞれ武運長久を願ってイチジャマを飛ばしたといわれている。

大城さんはそんなイチジャマ使いの血を引く、一族の生き残りであった。

彼女の一家は、現在の那覇市小禄《おろく》で育った。大城さんが物心付いたころには、自分の家はユタの家系で、他とは違うのだということを理解していた。すでにその頃から、大城さんの一家には特定の顧客が付いていた。

祖母は行方不明の人間の捜索や、イチジャマを飛ばされているものに対するお祓いや、その飛ばしているイチジャマアの特定などを専門にしていたという。また表立っては公言していなかったが、イチジャマを飛ばして相手を呪い殺すことさえしていたという。

それらは全部、祖母が亡くなってから聞かされたことだった。そんな祖母も亡くなって数年後、大城さんはやがて二十歳になろうとする頃に、突然仕事場に向かうバス停の前で倒れてしまった。頭がグルグルして立ち上がれない。これでは会社にいけないと、あきらめて家に戻ろうとするも、家に帰る途中のお墓の前でまったく動けなくなってしまった。

すると頭の中で声がした。

「ヌーンチカカットー？（なんて書いてある？）」

それは昔聞いたことのある、亡くなった祖母の声そのものだった。

「え、何が？どこに？」

知らない人の墓の前に倒れながら、大城さんはいった。

「ヌーンチカカットー？」

また声が聞いた。

「だから何のこと？」

そのうち目の前が真っ暗になり、何も見えなくなった。

「ヌーンチカカットー？」

「ムルミーランシガ（全然見えない）」

彼女は方言で答えた。

すると真っ暗な視野の中に一つの光明が見えた。それは光の点のようなものが次第に大きくなり、やがて彼女の視野全体に広がる強大な光となった。

気がつくと彼女の目の前に亡くなった祖母がいた。祖母は鬼のような形相で大城さんの顔を睨んでいた。

「スクブン」と祖母はいった。意味は「あなたに与えられた使命」あるいは性分という意味であった。それから祖母は消えて、声だけが恐ろしく心の中にこだました。

「ヌーンチカカットー?」

それで目が覚めた。墓場で倒れているところを、近所の人が助けてくれて家まで運んでくれたらしい。

その後、病院に入院したり、様々な大変なことがあった。自殺未遂さえ犯したらしい。しかし偶然が重なり、彼女は死ねなかった。その期間は約二年間続いた。沖縄ではユタになる前のこの精神的で霊的な不安定な時期を、一般的に神ダーリと呼ぶ。

「大城さんの神ダーリについて話してください」

西原町のスターバックスでコーヒーを飲みながら、私は大城さんにインタビューをしていた。

「いやだよ。彼女と会う時は、アイスクリームかコーヒーのどちらかをおごることになっていた。そんな失礼なこと、人に聞いちゃいけないよ」

「まあそうですよね。でも記録に残したいんで」

「じゃあこれも記録に残しなさい。あんた、最初に自慰したの何歳ね？」

大城さんは録音している携帯を指差しながらいった。

「いやいや、そういうことじゃなくて」

大城さんのこの返しには、正直笑うしかない。

「あんたさ、戦争体験者がその時代のことを話したくても話せないのと同じさ」と大城さんは私にいった。「察しなさい。そのあたり、本に書くんだったら想像で書けばいいさ」

「いや、想像では書けませんよ」

「あんた、あの文庫でいっぱい本出しているさ、ジュンク堂にも並んでいたけど、他にもたくさん出ているさ。怪談って流行っているのかねえ」

「多分流行ってますよ」

「はあ、コロナみたいなもんだね」

「コロナとは違いますよ」

「これも録音しているけどさ、あんた書くつもりだろう」

「はい、そのつもりですけど」

「売れるのかい？」

「そんなこと知りませんよ」

またまた笑うしかない。

「じゃあね、話してもいいけどね、私は元ユタだから、もうユタではない。イチジャマチケー（生霊使い）としての仕事も今は終わった。だからその方法とか律法とか歴史は書いてもいいけど、私の今の家族に危害が及ぶようなことはないようにしてほしい。それだけ約束してくれる？」

「はい、もちろん」

「だから、これはドキュメンタリーではなくて、小説として書いたらいいさ。あとは想像におまかせするから」

「それはダメですよ。一応、記録として残したいんで。そういえば昔、若狭公民館にいたころに、心海上人の隠し子の末裔って人が尋ねてきて、私の家系のことも書きなさい。でも誰も信じないだろうから小説として書けばいい、みたいなことといってましたよ」

「だから小説にすればいいさ。記録？　じゃあジュンク堂に並んでいる怪談の本は全部実話だっていうのかい？　あんた以外の本もちょっと読んだけど、嘘書いてあるのも多かったさ」

「いや、そんなことをいわれても」

また笑うしかない。

「読んだら、本当の話か嘘の話かわかるんですか？」

「もちろんだよ。舐めたらいけないよ。私はその道のプロなんだからね」


とりあえず、話を進める。

それから話は大城カマさんが三十代のころに飛ぶ。その頃から彼女はいわゆるユタとして活動し始めた。その頃から彼女のところには、祖母のもとに通っていた人たちの親族やら親戚やら話を聞いた人たちが大勢詰め掛けるようになった。

彼らは県内の企業の社長から、本土の社長、会長など、多岐に渡っていた。中にはヤクザとおぼしき人もいたという。特にヤクザは本土の人間が多く、自分の組員を殺害した犯人を探し出してほしいとか、相手の組長を呪い殺すにはどうしたらいいかなど、そんなお願いもあった。

またその道のひとではない一般の人からも、実際にイチジャマで人を殺して欲しいという依頼が多数あったようである。そんなことやったことはないし、できませんと答えると、相手はこのようにいい返した。

「あんたの祖母はお願いしたらやってくれたとうちの爺さんから聞いた。だから金はいくらでも積むからやってほしい」

そんなある日、彼女のもとにやってきたのは、明らかにヤクザであることがわかった。その男性は神奈川からやってきた六十代くらいの短髪の男性で、右手の小指がなかった。その男性は左手薬指に大きなサファイアの指輪をしていたが、その指輪の持ち主をこの男性が殺したこともすぐにわかったという。

邪悪な匂いがした。例えるならヘドロのような、何かが発酵してガスが発生しているような、そんな感じ。そして相手は当時の金額で五百万用意するといってきた。

男性は一枚の男の写真を彼女に見せた。その顔写真を見て、大城さんはこんな声を聞いたという。

「ヌーンチカカットー?」

それは祖母からのメッセージで、「この写真を読め」といっているようだった。

彼女はいわれるがままその写真を心で読み込んだ。

すると、写真の男はすでに死ぬ運命にあると、大城さんにはわかった。同時に神奈川から来たこの男性も死期が近づいているとはっきりわかった。

「そこで若くて邪悪だった私は、これらを天秤にかけたわけさ」と現在の大城さんは語った。「つまり、本当にずるかったんだけど、私はそのお金がどうしても欲しかったわけ。当時、五百万円というのはすごい大金さ。しかも復帰直後だったからね。それがあったら母に新しい家も作って上げられるし、国頭《くにがみ》の親戚のばあちゃんの家も直してあげられる。だから受けることにしたよ」

「殺人依頼ですよね」

「そうだよ。もう隠さないでいうけどね、私はお金が欲しかったんでね。家族のためさ」

「でも受けて失敗したら、つまりその相手の男性を殺せなかったら、逆に狙われるとか、そういった心配はなかったんですか？」

「なかったね。だって相手ははっきりとピストルで撃たれて死ぬって出ていたから。その予言は私は今まで外したことがない。そしてそれは私のイチジャマのせいじゃなかった。で、このまま相手の男性が死んだら、彼らは私のおかげだって思うだろう？ そしてそれを追求するまもなく、その神奈川から来た男性も死ぬって出ていた。いい方は悪いけどね、これはクリスマスプレゼントのようなものだと思った。私はいろいろ浅はかで、とにかく邪悪だったのさ」

神奈川の男性が提示したのは、まず半額を支払い、結果が出次第その半額を支払うというものだった。

結果、大城さんのもとには三ヶ月もたたないうちにアタッシュケースに入った五百万円が現金で転がり込み、国頭の親戚と実の母親に新しい家が建った。その五百万円は一円の税金もかからなかった。

それからも、人を呪い殺してくれという依頼は後を絶たなかったという。

「それで、本当にイチジャマで人を呪い殺せるんですか、というか、やったことはあるんですか」

「あるよ。何度も」

大城さんは「近所のスーパーでは今日は秋刀魚が特売だよ」みたいな軽い感じでそう答えた。

「罪の意識とかは？」

「なかった、といえば嘘になる。しかしあの頃は若かったし、私の家はそういうスクブンなんだから、あきらめていたさ」

「本当に人が死んだんですね」

「そうだよ。みんな死んださ。もちろんめったやたらにはしなかったよ。病気にしただけのものもいた。単なる恨みとか怨恨は断ったし、お金が少ないものたちはみんな断った。そしたらいつのまにか税務署がやってくることがわかったんで、家を引っ越すことにした」

「なんかズルいですね」

「そんなことわかってるよ。あの頃の私は別人でずるかったさ。それで同時期に同じようなイチジャマを使って人殺しをしているユタがいるのも風の噂に聞いた。でもね、彼らは全部、その後死んじゃったよ。みんな悲惨な死に方をして、グソー（あの世）にいってしまったね。神様はやはり全部をお見通しだ。因果応報、投げたボールは地球を一周して、自分の後頭部に当たるもんだよ。あなたも覚えておくといい」

「はい。それでその後どうしてユタをやめられたんですか？」

「それはね、愛する男性に出会ったからだよ。いい人だったよ。酒飲みで、酔っ払うと妙に説教臭くはなったが、でもいい人だったさ」

大城さんは三十二歳の時に、下地さんという男性に出会った。下地さんは那覇でスナックを二軒経営するやり手の男性であった。大城さんがたまたま入ったスナックに下地さんがいた。今まで恋や愛などとは無縁の生活をしていた大城さんはすぐに恋に落ちた。二人はすぐ恋仲になった。付き合い始めたころ、大城さんは下地さんに、自分のスクブンと家系のことについて話した。だいたいの男性はこれを聞くと、大城さんと徐々に距離を取り始めるのが常だったが、下地さんは違った。

「じゃあ僕と結婚したら、きっと普通の女性に戻れるよ」と彼はいった。

「どうしてそんなことを思うわけ?」

「僕の神様がいってる。これはなんていうか、僕に与えられたスクブンみたいだ」

それを聞いて大城さんは涙を流して喜んだ。

「でも、私の一族は壊れている。きっと呪われている。ダメかもしれないわよ」

「いや、絶対に大丈夫。僕が君を守るから」

こうして彼らは結婚した。結婚してすぐに彼らは糸満市に引っ越した。大城さんはユタをやめ、一時期は糸満で夫の経営するスナックでママとして働いた。

やがて三人の子どもができた。長女と次女、そして長男である。

それでも時折、大城さんのもとには、噂を聞きつけた人々がやってきたが、イチジャマで人を呪う仕事は一切引き受けることがなかった。

やがて長女が高校生になった時の話である。

朝、弁当を作って長女を玄関まで送っていくと、何か嫌な雰囲気がした。

「ちょっと待って」と大城さんは長女を呼びとめた。

「なあに？」

そういって振り返った長女の顔に、なにか死相のようなものが現れていた。

「ヌーンチカカットー？」

再び祖母の声がした。長女の顔になんと書いてある？　大城さんはそれを読んだ。

いきなり全身に寒気が襲った。

ニコニコする長女の顔にはっきりと書かれていたのは、「この娘は家系をついでイチジャマアになるだろう」ということだった。

「冗談じゃない」と大城さんは思った。「この子に呪いを継がせるもんか。どんな方法を使ってでも、それだけは阻止してやる」

「それがわかったから、私はそれこそ斎場御嶽《せいふぁうたき》から安須森《アスムイ》（琉球の最高神であるキンマモンが降臨した場所）まで拝みまくったさ。どうにかして長女の呪いを取ってくださいと。しかしどこの神様もノー、それはできないっていうんだよ。家系の呪いだから、長女にそれが出るのはなんとなくわかっていたけどね。それから高名なユタのところにもいって、長女の呪いを外してくださいとお願いしたけど、彼らは『あんたにできないものは私にもできない』っていうばかりで、誰も助けてはくれなかったさ」

やがて長女は高校卒業前に体調を壊してしまった。毎日変な声が聞こえるといい、家から一歩も出なくなった。夜になると一人で家から出ていこうとするので、大城さんは夫と協力して長女の動向を見張っていた。

「お前はどう思う?」と夫が聞いた。「あの子をこのままユタにさせることは、私からしたら彼女を見殺しにすることと同じだ。どうにかして方法を考えないと」

するとその日から大城さんの夢の中に妙なものが出てきた。

一匹の巨大な龍と亀が現れて、大城さんにこう呼びかけたのである。

「私たちの場所を探しなさい。手助けはできる」

県内には龍神の場所はいくらでもある。だが亀に関係する場所といえば、わずかしかない。彼らは休みを取って、長女と三人でまず浦添の海沿いのカーミージという場所を訪れたが、どうやらそこではないようだった。

その後、大城さんの直感に導かれるまま、夫の運転する車は北へ北へと向かっていった。

「で、結局その場所を見つけたのは、三日目の朝だった。どこにいっても龍と亀のウタキなんて見つからなかった。で、途中で夫が疲れたというので、海沿いのところに車を停めて、三人で海岸沿いを歩いていった。すると、あったの。そこに龍と亀のウタキがね。龍のウタキは香炉が一つあって拝む人がいたみたいだけど、亀のほうは誰も拝んでいないようだった。そこで一時間くらい、家族で拝んだ。『どうにかして、この娘の呪いを外してください。何なら私の命を捧げてもいいから』って」

「するとどうなったんです？」

「声がした。『報酬を得るには犠牲が必要』って。家系の呪いは大きくて、その犠牲なしには成り立たないってことがはっきりわかった。私の若い頃の過ちがあったから、『神様、私の命を与えますから、どうか娘を助けてください』って、それから何度もお祈りしましたよ。でもさ、神様は残酷だった。これは私に対する呪いだったというのは、薄々わかってはいたけど、非常に辛いことであったさ」

それからすぐに娘は正気に戻った。霊感は残っていたが、それは許容範囲内のものだったという。

そして娘が正常な状態に戻ると、一週間もしないうちに今度は夫が倒れてしまった。急性白血病だった。

「わたしのせいでこんなことになってしまって、ごめんね」

病床で大城さんは愛する夫に声をかけた。

「いや、これでいい。君を守るといっただろ。また来世でね」

二ヶ月もしないうちに、夫の下地さんは帰らぬ人となってしまった。

これが神様のいっていた犠牲なのか。あまりのことに大城さんは自分の人生を呪ったという。

その話をしながら、感極まった大城さんは言葉を詰まらせた。それから絞りだすようにこういった。

「……亡くなってしまって、どうして私じゃないのって、ずっと悲嘆に暮れていた。でもね、これは家系に対する呪いであるとも同時に、私自身にかけられた呪いでもあるわけさ。

私の呪いは、死のうとしても死ねない。これがすべてさ。若い頃の過ちのせいで、私は世界で一番大切な人を失ってしまった。でも夫は結婚する前から、そのことは常にいっていたわけ。『僕が君を守る』ってね。本当に守ってくれましたよ」

「辛い話ですね……」

「だから今は罪滅ぼしの人生だと思って生きてますよ。こうしてこうやってあなたにこんな話をするのも罪滅ぼしですよ。今ではイチジャマチケーの仕事よりも、私の若い頃のように神ダーリした人たちを助けるのが、私の仕事です。このこともちゃんと書きなさいね」

「はい、もちろんです」

「私の話は今日はこれで終わり。以上！」

大城さんはニコニコしてそういった。

大城さんのもとには、現在でも神ダーリしてにっちもさっちもいかなくなった人たちが定期的に訪れる。だが中には神様ではなく、悪霊がとり憑いておかしくなった人も多数いるという。

「そういう場合はどうするんですか？」と私は聞いた。「悪霊を祓うんですか？」

「あんたさ、この前ピトゥトゥルマジムンが取り憑いた彼女の話、聞いたでしょ」

この話はこの本の一番最初に書いた。

「あれは彼女に取り憑いていたんですか」

「そうだよ。ピトゥトゥルは今でも彼女の後ろにいるよ。それで彼女を説得するんじゃなくて、ピトゥトゥルを説得してね。前にいったさ、あれは天にいたものが堕ちたものだって。だから元神様さね。今では彼女の式神となっている」

「式神っているんですか？」

「そうだよ、安倍清明《あべのせいめい》を知らないのかぁ」

「いや陰陽師《おんみょうじ》くらい知ってますよ。沖縄でもそんなことあるんですね」

「ほとんどのユタは、というか正式なユタは自分の力では何もできない。後ろの神様がいてこそ、十分な力を発揮するもんだよ。もし自分の力で世界を救ってやるとかいうユタがいたら、それこそ後ろの神様に騙されている。あと守護霊を変えてやるとか、いろんなことをいう輩《やから》がいるだろ？　イチジャマももともと後ろにいるものがその人の変な力を引き出してしまうから、おかしなことになるんだよ。人はもっと謙虚《けんきょ》になるべき。それがスクブンっていう意味さ」

「深い意味がある言葉なんですね。もともと性分という意味だと聞きましたが」

「それだけではなく、神様から与えられた一生分の仕事を達成するために、その人にもともと与えられた力ですよ。宿命といってもいいかもしれない。これを誤解している人が多い。スクブンは金儲けの力じゃない。今の人はそこを誤解しているさね」

沖縄県北部の海岸沿いにあるウミガミヌタキ
（海亀のウタキ）

同じくリウグシン（龍宮神）

あとがきのようなもの

沖縄にいていろいろと取材すると、いろんなものが見えてくる。

それはユタ文化を土台とした霊的社会が、私たちの生活の下に今でも根強く残っているという事実である。

そういった社会的素養のある土地であるから、いわゆるスピリチュアルやエセ霊能者やおかしな新興宗教などが大量にはびこる地盤を形成しているとも考えられる。

最後に私の体験談を一つ紹介する。


今から二十年も前、東京から移住してきた投資家風の男性と知り合いになった。

龍はいるよ、というのがその男性の口癖であった。

「俺には龍がついてるって東京の霊能者さんがいっててさ。ほら、龍が如くっていうじゃん。将来俺は使命があって琉球のクニに遣《つか》わされているんだよ。だから龍の力が俺と共にいるわけ。新しい龍の国を、新しい社会の仕組みを作る。というか作らさせられるんだよ」

そのように語っていたあの人は、今頃どうしているのだろうか。

「俺は龍神の生まれ変わりでさ」

「あんたは作家だけれども、龍神は見えないだろう。だってあんたには龍神いないからな」

「俺は他の人と波動が違うからさ。琉球のために特別に選別されたものなんだよ。大きな声ではいえないけど」

そういっていた彼は半年後に沖縄の女性に振られて、「沖縄はサイテー」といい捨ててあっさり東京に戻っていった。

後には彼を信じて心を傷つけられた一握りの人たちが残された。

そんな人たちを長年見てきた。

俺は龍神の生まれ変わりだとか、琉球を変えるとか、大言壮語する人々。

いや、今でもそういった輩は定期的にこのシマに押し寄せ、好き勝手に振舞って、その三分の二は結局どこかへ消えてしまう。

琉球を変える、とか、私はここに遣わされた、という言葉を発する本土の人たちを、どれだけ見てきたか。

怪談とは少し違うかもしれないが、私にいわせれば、その人たちこそ正真正銘の現代の怪談である。そんなことでこのシマは変わらない。

きっと琉球を本当に変えるのは地道に努力する人だ。

龍神がついてるとかついてないとか関係ない。

本物はきっと女に振られたくらいで使命を捨てない。

そして龍神もそんな人にはついていない。

龍神がついているから俺は社長だ、みたいな人には背後には龍ではなくて、ついているのは虚無しかない。あるいは説得される前の原初のムンのようなものが取り憑いているのかもしれない。自分を必要以上に大きく見せようとする、虚勢だけの人たち。


そんな話を大城さんに振ってみた。

「龍神？　龍神はいつも沖縄の空にいるよ」

大城さんはあっけらかんとそんな風にいった。

「大城さんはその社長のこと、聞いたことがありますか？」

「わたしは聞いたことがないね。じゃあ直接聞けばいい？」

「え、龍神にですか？」

「そうだよ、そこのサンエー（沖縄の大手ショッピングスーパー）の上に飛んでいるさ」

見ると大空に確かに龍ともドラゴンともつかない巨大な雲があった。

「あの龍はこういっている。『琉球のクニを変える社長だって？　そんなやつのことは知らんね』だって」

その日、確かに龍神はサンエーの上を飛びながら、腹を抱えて大笑いしながらそういった。

「あんた、サンジェルマン伯爵って知ってるかい」と最後に電話で話した時に彼女はいった。「フランスのペテン師か超能力者か知らないが、死んだ後霊が存在することを証明するために、百年後か千年後に生まれ変わるって約束したらしい」

「へえ、それで生まれ変わったんですか？」

「知らないよ、そんなことは」

話を振るだけ振って、彼女はそんなことをいった。人をからかうのが大好きだった。

「じゃあ私は死んだら、あんたのところに化けて出てやるよ。そうしたらネタになるだろう?」

「あ、はい。でもお手柔らかにお願いします。高速道路でいきなり運転中に現れたら、ぼくはきっと卒倒して事故死しますよ」

「そんなことしませんよ、寝ている時に胸の上に乗って、あんたを金縛りにしてから、ほっぺをぺしゃぺしゃ叩くだけさ」

「おそろしい……」

大城さんは二〇二一年の一月に、一人グソーへと旅立っていった。

残念ながら、未だに私は寝ている時に金縛りにあってほっぺをぺしゃぺしゃ叩かれたことはない。もしあればここで紹介するのだが。しかしそれは怪談じゃないかもしれない。沖縄では普通のこと、いわば世間話の一つに過ぎないのだから。

参考文献一覧

※太字は収録作タイトル

ピトゥトゥルマジムン
『八重山郡石垣市／大浜の民話』　沖縄国際大学石垣市字大浜口承文芸学術調査団　一九九六年

ピーフキトゥリ
『八重山生活誌』　宮城文　一九七二年

耳切坊主の呪い
『球陽外巻　遺老説伝』　嘉手納宗徳・編訳（角川書店）　一九七八年

クシデージの神
『沖縄民俗　第15号』　琉球大学民俗研究クラブ　一九六八年

巣入加那志
『玉城村誌』　金城繁正・編（玉城村役場）　一九七七年

パイナーラの子どもたち
『竹富町誌』　竹富町誌編集委員会・編（竹富町役場）　一九七四年

オボツカグラとギライカナイ
『重新校正　中山世鑑』　向象賢・編述（沖縄県教育委員会）　一九八三年
『定本／琉球国由来記』　外間守善　波照間永吉・編著（角川書店）　一九九七年
『琉球神道記・袋中上人絵詞伝』　弁蓮社袋中・著　原田禹雄・訳注（榕樹書林）　二〇〇一年

キジムン岩
『座間味村史　中巻』　座間味村史編集委員会（座間味村役場）　一九八九年

小湾のシチマジムン
『小湾字誌　沖縄戦・米占領下で失われた集落の復元』
法政大学沖縄文化研究所小湾字誌調査委員会（浦添市小湾字誌編集委員会）　一九九五年

キジムナーと結婚した男
『とかしきの民話　渡嘉敷村史別冊』渡嘉敷村史編集委員会・編（渡嘉敷村）一九八三年
タバコを吸う小人／キジムナーダンガサグワー／マージャー
『たまぐすくの民話』遠藤庄治・編（玉城村教育委員会）二〇〇二年
ワーマジムン
『大浜の民話1　石垣市史研究資料5』教育部市史編集課・編（石垣市教育委員会）二〇一六年
マア
『仲里村史　第4巻　資料編3　仲里村の民話』遠藤庄治・編　仲里村史編集委員会・監修（仲里村）一九九五年
クシリー、クシリー
『北中城の民話』遠藤庄治　武島昭子・編（北中城村教育委員会）一九九三年
謝苅坂の遺念火
『北谷村誌』真栄城兼良・編（北谷村役場）一九六一年
キガズン
『沖縄民俗　第22号』琉球大学民俗研究クラブ・編（第一書房）一九七六年
ツヌビッタ
『沖縄民俗　第19号』琉球大学民俗研究クラブ・編（第一書房）一九七五年
那覇―屋慶名線
『沖縄市の伝承をたずねて 東西部編〈沖縄市文化財調査報告書 第35集〉』沖縄市立郷土博物館・編（沖縄市教育委員会）二〇〇八年
イチジャマ
『沖縄の宗教と社会構造』W・P・リーブラ・著　崎原貢　崎原正子・訳（弘文堂）一九七四年
『沖縄県史　第22巻　各論編10（民俗Ⅰ）』琉球政府　一九七四年
『南島の村落（日本民俗文化資料集成　第9巻）』谷川健一・編（三一書房）一九八九年

沖縄怪談　耳切坊主《ミミチリボージ》の呪い

2022年10月6日　初版第1刷発行

著者…………小原　猛
デザイン・DTP…………延澤　武
企画・編集…………Studio DARA

発行人…………後藤明信
発行所…………株式会社 竹書房
〒102-0075　東京都千代田区三番町８－１　三番町東急ビル６F
email：info@takeshobo.co.jp
http：//www.takeshobo.co.jp
印刷所…………中央精版印刷株式会社